U0056660

大

四

洋

圖解
西洋魔法大全

魔

監修 健部伸明

全

法

瑞昇文化

圖解
西洋魔法大全

～目錄～

第3章　魔法的種類

第4章　與魔法相關的人物

第5章　魔法相關附錄

<原文參考文獻>

『聖書 舊約聖書續編付き』聖書協会共同訳（日本聖書協会）／『ギリシア神話』アポロドーロス（岩波書店）／『アルゴナウティカ』アポロニオス（講談社）／『エッダ』谷口幸男訳（新潮社）／『カレワラ』（上・下）森本覚丹訳（講談社）／『ヘルメス文書』荒井献＋柴田有訳（朝日出版社）／『ブリタニア列王史』ジェフリー・オブ・マンモス（南雲堂フェニックス）／『完訳 アーサー王物語』（上・下）サー・トーマス・マロリー（青山社）／『法の書【普及版】』アレイスター・クロウリー（国書刊行会）／『ゲーティア ソロモンの小さき鍵』アレイスター・クロウリー編（魔女の家BOOKS）／『ソロモンの大いなる鍵』S・L・マグレガー・メイザース編（魔女の家BOOKS）／『アブラメリンの魔術』S・L・マグレガー・メイザース編（魔女の家BOOKS）／『安倍晴明『簠簋内伝』現代語訳総解説』藤巻一保（戎光祥出版）／『高等魔術の教理と祭儀』（教理篇・祭儀篇）エリファス・レヴィ（人文書院）／『テュアナのアポロニオス伝1』ピロストラトス（京都大学学術出版会）／『地獄の辞典』C・ド=プランシー（講談社）／『神秘のカバラー』ダイアン・フォーチュン（国書刊行会）／『心霊的自己防衛』ダイアン・フォーチュン（国書刊行会）／『占星術または天の聖なる学』マルクス・マニリウス（白水社）／『アルマゲスト』プトレマイオス（恒星社厚生閣）／『ファウスト』（第一部・第二部）ゲーテ（岩波文庫）／『ホビットの冒険』J・R・R・トールキン（岩波書店）／『指輪物語』（全10巻）J・R・R・トールキン（評論社）／『ハウルの動く城』（全3巻）ダイアナ・ウィン・ジョーンズ（徳間書店）／『ハリー・ポッター』（全7巻）J・K・ローリング（静山社）／『北欧神話』菅原邦城（東京書籍）／『エジプトの死者の書』石上玄一郎（人文書院）／『蛇と虹』ウエイド・デイビス（草思社）／『黒魔術・白魔術』長尾豊（学習研究社）／『「魔術」は英語の家庭教師』長尾豊（はまの出版）／『神の聖なる天使たち』横山茂雄（研究社）／『悪魔の友 ファウスト博士の真実』ハンスヨルク・マウス（中央公論社）／『エクソシスト急募』島村菜津（KADOKAWA）／『精神科医の悪魔祓い』リチャード・ギャラガー（国書刊行会）／『月の魔力』A・L・リーバー（東京書籍）／『Newton古代遺跡の七不思議 ストーンヘンジ』科学雑誌Newton（株式会社ニュートンプレス）／『虚空の神々』健部伸明と怪兵隊（新紀元社）／『魔女の薬草箱』西村佑子（山と溪谷社）／『最新版 パワーストーン使いこなし事典』一般社団法人パワーストーンカウンセラー協会（主婦の友社）／『ナグ・ハマディ文書』（I～IV）荒井献／大貫隆／小林稔／筒井賢治訳（岩波書店）／『聖書外典偽典』（1～7／別巻1～2）日本聖書学研究所編（教文館）／『フランス中世文学集』（1～4）新倉俊一／神沢栄三／天沢退二郎訳（白水社）等

※除此之外尚參考大量書籍及網頁的資料。

※本書撰寫時乃根據「傳承上為如此內容」，並不推薦實際執行。若實際嘗試後引發災禍，又或意欲加害他人，恕本公司無法擔負相關責任，尚請見諒。

第1章

世界魔法史

魔法的歷史與變遷

自人類誕生起,所謂的魔法便已經存在了。經歷漫長時間產生了變化,現在即使在娛樂活動當中也經常出現。

與人類共存的魔法

聽到魔法,大家腦中想到的是什麼呢?是騎在掃帚上飛翔於空中的女巫?又或者是在地上畫了幾何學圖樣的圖形,試圖從當中呼喚不存在於這世上之物的老人之類的形象呢?

這類魔法從很久以前就存在了。狩獵民族為了祈求大有斬獲,會扮演成動物被人類打倒;人類也會使用動物的內臟、骨骼,或者是觀察天體來進行占卜。西元前1萬8000年的拉斯科洞窟中有「homme-oiseau/鳥人」、西元前1萬3000年的三兄弟洞穴中有「sorcier/咒術師」這些類似半人半獸的法師的圖像,都是法國的克羅馬儂人畫下的東西。至於古埃及製作木乃伊的行為,不難想像也存在死者復活這種魔法要素。

也就是說,所謂的咒術是自古以來便存在的東西。製作人偶然後傷害人偶,或是燃燒指甲或頭髮等身體的一部分來試圖傷害對方也是一種咒術。在西元前1700年左右制定的《漢摩拉比法典》當中有著「詛咒他人者,以死償還」這一條,可以想見至少在那個時候詛咒的概念已經是廣為人知的。

之後各地文明發展,也誕生了宗教和哲學這些文化。魔法與其相近的概念在接收其他地區文化之後也產生了變化、更進一步發展。尤其是西洋的魔法受到各式各樣的影響,例如各地古代宗教、起源於埃及的鍊金術(P.90)、觀測天體占卜的占星術(P.88)、推廣到歐洲各地的基督教等。

魔法逐漸變化的過程範例

魔法自洞窟壁畫以及神話時代就存在，咒術師和眾神會施行神祕的力量。而人類在文明成形以前也會執行祈求狩獵成功的儀式；又或者為了詛咒他人而使用人偶之類的工具。這些簡單易懂的古代魔法在經過文明發展、民族遷移及交通網完備後所促成的異文化交流、體系完整的宗教誕生等結果，與各式各樣的東西逐步混合在一起而成為全新的魔法。尤其是古羅馬時代到中世紀發展得相當快速。

原始魔法誕生

與不同思想或文化混合

哲學
占卜
各地宗教
各種異文化
etc.

發展為全新的魔法！

世界各地都會有人為了祈求狩獵成功或捕魚豐收而執行儀式，又或者是詛咒他人。

隨著文明發展，逐漸與各式各樣的思想、宗教、異文化等融合。

由於吸收了各式各樣的思想，發展為全新的魔法。

世界各地的魔法體系

雖然都叫做魔法，但種類卻是五花八門。包含自古以來就存在的類型，也有與各式各樣文化融合之後發展出來的魔法。

以各種形式誕生的魔法

魔法誕生於世界各地並且逐步發展起來。其形態及目的都相當多樣化，有為了使生活更加多采多姿而使用的魔法；相反地也有用來詛咒他人、以攻擊為目的而使用的魔法。當中還有像鍊金術那種推動現今科學發展的情況。另外，除了自古以來連綿發展至今的傳統魔法以外，也有一些是進入近代以後才出現的魔法。

在那之中，本書主要介紹的是西洋魔法相關的東西。話雖如此，種類仍然繁多，也有一些例子需要專業的知識，或許會讓人感到難以親近。因此本章先為大家介紹書中會提到的各種魔法。在每個項目之下也會記載相關條目，如果有特別在意的魔法種類，也可以依照其相關項目先行閱讀。

黑魔法／白魔法

傷害對方的是黑魔法；進行消災解厄或祈求幸福的則是白魔法。一般人的印象認為黑魔法是利用惡魔或者惡靈等邪惡力量；而白魔法則是利用神明或天使這些善良存在的力量，但其實若使用惡魔的力量卻行善事的話就是白魔法，若使用天使的力量卻要加害他人，就會被歸類為黑魔法。

| 主要相關項目 | P.24 ▶ 對他人施法會犯罪嗎？ | P.86 ▶ 黑魔法／白魔法 |
| | P.26 ▶ 有以法律明文禁止魔法的國家？ | P.143 ▶ 浮士德博士 |

占卜

活用各式各樣的東西占卜未來的技術。自太古以來人類就會觀察熱水、骨頭、動物的動作和狀態來占卜，藉此緩和對於未來的不安、以及追求現世的利益。能夠展望未來的占卜，過去甚至與民間活動、都市建設等國家經營息息相關，因此國家設置占卜為主的相關機構也是很常見的情況。

主要相關項目
P.32 ▶ 身邊寄宿魔力的日常生活用品　　P.88 ▶ 西洋占星術
P.60 ▶ 真的有月亮魔力嗎？　　　　　　P.144 ▶ 托勒密

錬金術

此技術主要目標是將鐵或者銅等容易生鏽的卑金屬，轉換成金、銀、白金這類能夠永保光輝的貴金屬。而觸媒需要一種名為「賢者之石」的特別物質，錬金術師們為了打造出這種石頭而不斷進行研究。然而其理論、研究及實踐結果對於現今化學的發展也確實造成影響。

主要相關項目
P.54 ▶ 錬金術師們熱中打造的賢者之石　　P.90 ▶ 錬金術
P.56 ▶ 何謂人造人、何謂魔像？　　　　　P.145 ▶ 赫密士・崔斯墨圖

召喚術

呼喚出不存在這個世上的東西、驅使其工作、又或者詢問對方未知事物的相關魔法。最有名的是所羅門王所驅使的72魔神。呼喚出來的對象包含神明、精靈、惡魔、惡靈等五花八門。另外，正確呼喚出神明或天使等高等存在才能稱為「召喚術」；若是呼喚惡魔等低等存在則稱為「喚起術」。

主要相關項目
P.42 ▶ 使用魔法時的圖形意義是？　　　　P.92 ▶ 召喚術
P.78 ▶ 何謂魔法書《所羅門的小鑰匙》　　P.135 ▶ 所羅門王

儀式魔法

就算沒有魔力或才能，也能使用特定形式來得到一定效果的魔法體系。像是只要拿著就有效果的守護符和護身符、記載儀式詳細內容的魔法書、念誦就能發揮效果的咒文等，都屬於標準的儀式魔法。在東方則有關於顏色及物品配置、又或者是找到正確方位來操作運氣的風水，也是相當具代表性的儀式魔法。

主要相關項目
P.30 ▶ 首飾原先都是魔法道具？　　　　P.94 ▶ 儀式魔法
P.34 ▶ 能量石的種類與效果　　　　　　P.127 ▶ 艾利馮斯・李維

自然魔法

充斥在這個世界中的火、水、空氣、植物、宇宙間的行星等,由這些自然界中森羅萬象的東西當中取出能量並加以操縱的法術。自太古以來就被應用得相當廣泛,包含與野生動植物相關的占卜之術、影響山中礦物的鍊金術也可說是屬於自然魔法。自然是神明所創造的東西,較容易與一神教結合。

主要關連項目	P.48 ▶ 泛靈信仰是魔法?	P.96 ▶ 自然魔法
	P.60 ▶ 真的有月亮魔力嗎?	P.116 ▶ 天界魔法

共感魔法

由「類感魔法」和「感染魔法」兩者構成的魔法理論。所謂類感魔法是指相似之物互相影響,比方說攻擊人偶或者照片等,其相似對象的人或物品也會遭到損傷。感染魔法則是攻擊對象身體的一部分或者身上穿的服裝之類的東西,也會給予對方損傷。

主要關連項目	P.48 ▶ 泛靈信仰是魔法?	P.98 ▶ 類感、感染魔法
	P.96 ▶ 自然魔法	

德魯伊魔法

在凱爾特人的信仰當中,由聖職人員德魯伊所施行的法術。他們除了精通醫療、自然、天文等各式各樣的知識以外,也能夠使用許多法術。德魯伊可以自在操控天候引發暴風雨、又或者加以平息,還能變身成豬、狗、天鵝、水獺等各種東西,也包含能夠以預知夢窺探未來等魔法,變化相當多。

主要關連項目	P.48 ▶ 泛靈信仰是魔法?	P.96 ▶ 自然魔法
	P.58 ▶ 萬聖夜是什麼日子?	P.100 ▶ 德魯伊魔法

卡巴拉

與猶太教淵源深厚的神祕主義思想。將文字當成數字來使用而誕生的數字祕法。由10個質點(球體)和22條路徑構成的賽費洛特之樹相當重要,並認為這個圖形便是天梯,可藉此通天以窺見神之寶座。另外,他們將《舊約聖經》中的描述視為暗號,並且也有加以分析的方式。

主要關連項目	P.56 ▶ 何謂人造人、何謂魔像?	P.102 ▶ 卡巴拉／希伯來字母代碼
	P.82 ▶ 為何「666」會被說是不好的數字?	P.122 ▶ 亞伯拉梅林

盧恩魔法

以過去日耳曼民族使用的文字「盧恩」執行的魔法。盧恩文字本身就被認為是具備魔法力量的,人們將之刻在器具或碑文等處,試圖帶出盧恩的力量。另外,若是以特定節奏朗誦盧恩文字構成的咒文,人們相信就能夠施展魔法力量,這被稱為「咒歌」。

主要關連項目	P.94 ▶ 儀式魔法	P.150 ▶ 奧丁
	P.104 ▶ 盧恩魔法／咒歌	P.158 ▶ 維納莫寧

巫毒

西非的貝南,還有加勒比海的海地、美國的紐奧良等地的信仰中,由巫毒教巫師行使的法術。他們可以變身成其他動物、操控死靈攻擊特定對象。還有一種秘術是使用「殭屍粉」這種魔法粉末將人類變成殭屍,使他們成為奴隸為自己工作一輩子。

主要關連項目	P.48 ▶ 泛靈信仰是魔法?	P.106 ▶ 巫毒
	P.74 ▶ 電影裡的魔藥學真的存在嗎?	

性魔法

將性交獲得的能量使用在魔法當中。這種思維存在於世界各地,日本也有一些地區會將男性性器官當成神體來崇敬。另外印度也有「怛特羅」這種利用性交達到解脫的祕法。將這個方法當成教義納入的魔法結社,會在魔法儀式當中活用亂交或者性交。

主要關連項目	P.110 ▶ 性魔法
	P.124 ▶ 阿萊斯特‧克勞利

陰陽術

在中國誕生的陰陽五行說、占卜、道教等思想流傳到日本,與日本文化融合之後產生的獨特魔法體系。陰陽師原先是為朝廷工作的官僚,主要工作是處理天文、曆法及占卜,不過後來也開始驅魔以及行使咒術。另外,也有人認為使用陰陽術的陰陽師根源其實是來自海外。

主要關連項目	P.20 ▶ 有日本人的魔法師嗎?	P.123 ▶ 安倍晴明
	P.114 ▶ 陰陽術／九字	

以諾魔法

使用相傳為天使語言的「以諾語」施行的魔法。雖然約翰‧迪伊和他的助手愛德華‧凱利使用以諾語將天使的話語編纂成書，但當初就被認為是捏造的產物。在過了一段時間以後，

阿萊斯特‧克勞利、麥克達格‧馬瑟斯兩名魔法師又重新注意到以諾語，經過研究以後建立了魔法體系。

天界魔法

引導出位於天空的行星之靈性能量的魔法。基本上活用在為護身符等等物品注入能量。施行法術的步驟有相當精確的細節，除了儀式固定的日期、使用的圖形與咒文、還有祭品甚至是

穿在身上的衣服等，平常也必須要有善意之力的協助，因此必須提升自身信仰。

驅魔術

指天主教會當中驅除惡魔的行為。梵諦岡正式任命執行此類工作的聖職人員便稱為驅魔師。過往的方法比較簡單，就是命令惡魔「滾出去」，不過在17世紀時頒發的《彌撒經書總

論》當中有訂立詳細的方法。另外，驅魔師現今仍存在於現實世界，日以繼夜地救助世人。

魔女術

據說是魔女們施行的魔法，又叫做「女巫魔法」。歐洲地區傳說她們會騎著掃帚在天空飛翔、操控使魔、或者製作奇怪的藥物等，中世紀以後也曾發生了可怕的女巫狩獵活動。另

外，羅馬尼亞目前仍然認可魔女，她們會為了拯救那些來向自己求助的人而使用力量。

第2章
我們與
魔法的關連

魔法和咒文真的存在嗎？

聽到魔法或咒文這兩個詞彙，或許大家會想像出一個虛構的世界。但其實人類的歷史一路走來都伴隨著魔法。

魔法自久遠太古時便存在

在現代科學還不存在的時代，魔法是人類生活依靠的重要之物。人們會利用占卜來祈求平安、以咒術治療罹病之人、或者以鍊金術製作物品。若說魔法的歷史就是人類歷史也不為過。

比方說現在大家仍然倍感親切的西洋占星術，基礎在西元前2000年的巴比倫（※1）就已經誕生。當時將肉眼可見的水星、金星、火星、木星、土星5個行星加上太陽和月亮總共7個天體，各自安上神明，認為眾神的力量影響了地上發生的事情。當時的黏土板上也已經記載著與黃道十二星座（※2）搭配的占卜內容。

還有以前的人類認為「疾病或死亡的降臨乃是因為惡魔或者靈的所作所為」，因此，如果有人因為生病倒下時，各地傳統上就會利用祈禱或者占卜來驅除不好的東西，或希望藉此獲得能夠改善症狀的治療方法。

另一方面，鍊金術的歷史也相當古老，原型可能來自西元前的埃及。當時已經有從礦石當中提煉金屬的技術，人類會幫這些東西上色、或使其發光等，製造出各種工藝品。

可見魔法（＝神奇的力量）自太古過往便伴隨著人類的生活。即使到了現代，也還有科學無法分析的領域，我們便認定那是魔法。我們會祈禱考試合格、找到好工作、交通平安等，也會為了去除霉運而驅邪。這些都是魔法，如今仍近在我們身邊。

（※1）美索不達米亞地區的古代王朝。位於現今伊拉克南部。
（※2）位於太陽一年之內移動的軌道上的12個星座。具體星座名稱請參照P.35。

過往便存在的各種魔法

魔法和咒文並非只存在於虛構的世界。在現實的世界，這些東西從以前就存在於人們的生活之中。祈求打獵或者作物豐收、觀看星星的動向占卜未來、若是有人生病就驅除被視為成因的壞東西、以

錬金術加工金屬製作出工藝品。發現自然中各式各樣的某些東西會對其他東西產生影響，並且利用這些影響來生存。就算現代科學發達，占卜、驅邪或者護身符這類型的魔法，依然是近在咫尺的存在。

占星術

古代巴比倫認為行星的移動會對地上造成影響，當時已經有黃道十二星座的原型。這個概念之後傳入希臘，最後成為西洋占星術。並不只是占卜，這其實也是醫學和自然科學的基礎。

治療

古代社會認為疾病和死亡是惡魔或靈造成的，因此會使用魔法來驅除這些東西，使病人的病況好轉。之後隨著醫學發達，這樣的治療也遭到廢除，但是現代仍然有無法治療的疾病，因此還是會有人使用魔法或者祈禱來進行治療。

召喚異世界居民

召喚惡魔或天使來實現自己願望的魔法也是歷史悠久。這表示人類相信祂們並且利用祂們超自然的力量。另外，也有魔法是呼喚出祖先或者死者的靈魂，讓祂們附身在自己身上。這會由靈媒師或者巫師等具備特殊天分之人來執行。

錬金術

古代埃及已經有金屬加工技術。西元300年左右，知名的錬金術師潘諾波利斯的佐西默斯就已經留下許多相關書籍。之後錬金術在阿拉伯半島興盛起來，一路發展後於中世紀起到文藝復興時期在歐洲相當受到歡迎。

魔法、妖術、咒術的差異何在？

和魔法類似的詞彙還有妖術以及咒術。這些都意指靈性、神祕的力量，有些相似但意義卻又不大相同。

魔法包含妖術及咒術

　　一般英文中以magic稱呼魔法。這個詞彙來自拉丁文中意指魔法博士的馬古斯（Magus，複數為Magi），崇拜火焰及光明之神的瑣羅亞斯德教的祭司馬基（Magi）是其語源。而英文中的magic在日文中包含了魔法、魔術、妖術以及咒術等等，然而這些都有些微的差異。

　　如上所述，魔法是最為普遍的用語，也包含妖術和咒術在內，指稱所有超自然性的法術。同時也是分出「自然魔法」、「儀式魔法」、「白魔法」、「黑魔法」等分門別類法術的基礎用語。

　　相對地，「妖術」有著「妖異又或者是妖怪的術法」，大多指會危害他人的術法。視情況若為刻意選擇對象而加害對方的話，就稱為「邪術」。這種情況下，若是下意識或者與術者意圖無關而加害某人的話，就狹義稱為「妖術」（※1）。16～17世紀，使用邪術（或魔女術）的人及模仿者都受到迫害，這正是那惡名昭彰的魔女狩獵。

　　另一方面「咒術」的用法幾乎和魔法相同。但是在文化人類學的領域當中，幾乎都用來稱呼「地方性的術法」。

　　另外magic在日文中也用來稱呼「奇術」（譯註：中文的魔術），使用一些小手段或者道具打造出不可思議的現象，是一種表演，又叫做戲法。

　　為了要區別這類「咒術」或者「魔術」，最近在日文中也使用片假名「マギック」（魔法）來和原先的「マジック」（魔術）區分。

（※1）文化人類學上的分類。詳細參照右頁。

文化人類學上的咒術、妖術、邪術

　　關於魔法、咒術及妖術的使用區分，在文化人類學的世界中稍有不同。咒術這個說法是在蘇格蘭人類學者詹姆斯·弗雷澤將超自然力量稱為咒術之後才固定下來的。

　　之後英格蘭的人類學者愛德華·伊凡·艾文思-普里查德提倡咒術應該要把加害他人的術法區分出來，因此加上了妖術和邪術的小分類。妖術是不刻意卻危害他人的法術；邪術則是刻意加害他人的法術。

　　但現在妖術和邪術的區別有些模糊，傾向於統稱為妖術。一般大眾也認為「妖術＝攻擊他人的邪惡法術」，印象上是召喚惡魔或者呼喚災害等等。

咒術（magic）

超自然作用造成以及因此而生的所有力量總稱。

妖術（witchcraft）

危害他人的咒術，與術者意識無關，會自然發動。

邪術（sorcery）

施術者有意指定對象並加害對方。

17

魔法師的稱呼與版本

雖然統稱為魔法師，但根據使用魔法不同，也有不同名稱。以下就介紹形形色色的稱呼。

依據使用法術及其背景有不同名稱

「魔法師」直譯成英文就是Magic User。「咒文使」則是Spell User。但這些都是近年來在遊戲裡面的稱呼。驅使四大元素的精靈使（Elementalist／Elementaler）也是遊戲／漫畫用語。「魔道師」則是指踏入惡途也就是邪魔歪道之人，但也是創作出來的名詞，其實是「魔導師」的變形。

歷史上表示使用魔法／魔術（magic）的人，其名詞都是Magician或者Mage。雖然一般應該是稱之為魔術師就可以了，但這個說法卻又很容易和變戲法的混在一起（※1）。

Mage的語源來自拉丁文或波斯文中的Magi，用來表示「具備學識之秘術師」，變化形包含Magus和Magos。在新約聖經中告知耶穌降生的東方三博士、以及與耶穌比較法術高低的術士西門（※2）便是使用這類用語。

除此之外還有Wizard、Warlock、Witch、Sorcerer等，較為有名的都列在右頁。

另外在電腦業界中，安裝APP時會像賢者一樣逐一教導使用者的工具，也被稱為Wizard。

和Wizard一樣表示「賢者」意義的還有P.100的Druid（德魯伊）、P.92的Conjurer（召喚師）、P.118的Exorcist（驅魔師），請參照各頁。

Witch以人類來說就是魔女，而樣貌為老婦、會施咒的自然精靈魔女的話則稱為Hag又或者是妖婆加以區別。

（※1）另外Illusionist也是變戲法的魔術師。相反地以迅速靈巧的手法為賣點的Juggler在日文中通常被叫做曲藝師，不太被當成魔術師。
（※2）西門請參照P.133。東方三博士的記述一般都表示他們是占星術師。
（※3右頁）雖然也有很多人身兼變身術者，但卻無法確定是肉體產生變化又或者是使人產生錯覺。浮士德博士參照P.143、梅林參照P.155。

魔法師的各種名稱及其意義

Wizard

和wise（賢明）是同一個語源，原先的意思是「大賢者」。因此基本上都用來稱呼具備智慧與知識的學者型魔法師。至於精通此道的人則被稱為Wizardry。主要用來稱呼男性。

Witch

通常也被翻譯成魔女，但也會用於男性的場合。使用Witchcraft（魔女術）／巫術，被認為會透過惡魔帶來危害，在文藝復興時期成為魔女狩獵（異教審問）的對象。在文化人類學上被翻譯成「妖術」。

Warlock

語源來自「打破誓言」但有時候也用來表示「男性魔女」。war也表示「戰爭」，因此也用來稱呼特別注重戰鬥的術師（魔戰士、戰術師）。作家拉瑞·尼文將其設定為「封印戰爭的大魔法師」。

Illusionist

操控幻覺的幻術師。這在巨人當中相當常見，不過浮士德博士和梅林也屬於這類（※3）。不光是視覺，還可以欺騙人類的五感。另外在變戲法場合，通常會演出人體切斷／消失／逃脫等較為誇張的機關技巧。

Sorcerer

女性的稱呼為Sorceress。語源可追溯至「咒縛」，在拉丁文則表示「神託」、「回答」等，現在則多半被當成操控邪術的「妖術師」。與Wizard是對照組，被認為是本能使用法術。

Conjuror

語源來自拉丁文的「共同起誓」，表示和靈性存在簽下契約。也就是力量的基礎來自信仰，是專注於召喚／擊退靈體的術師。又被翻譯成「祈禱師」。另外若指變戲法的，通常是演出類似從帽子裡變出鴿子這類型的戲法。

Enchanter

女性的稱呼為Enchantress，大多是魅惑人心的女妖精。語源來自咒文的「詠唱」，但是衍生出來的意義成為「施術」、「魅惑」、「蠱術」等等，通常會對人、物、場所持續產生魔法效果。

Necromancer

如字面所述表示「以死者占卜之人」，特別指在墳場施行降靈術，讓死靈開口說出祕密的術師。之後被認為是能夠施法使屍體復活、力量強大的黑魔法師，因此也被翻譯成「死靈術師」。

日文中到底是稱「魔法使」還是「魔術師」？

用來指稱施術者的日文究竟是何時誕生的？「妖術」出現在1369年的《元史》當中，是一種迷惑人心的妖邪魔法，這種說法也傳到了日本。「魔術」是15世紀時金春禪竹的謠曲〈大會〉裡面提到「帝釋天以魔術驅趕了天狗們」。「魔法」則是元祿末期在近松門左衛門的《五十年忌歌念佛》當中以否定性詞句提到的；同時享保2年的《書言字考節用集》當中則收錄了「咒術」一詞。「魔術師」是這裡面負面印象最少的例子。

19

有日本人的魔法師嗎？

提到魔法師，較為有名的多半是約翰・迪伊或者浮士德博士這類西方人，但其實日本並非沒有魔法師。

在日本活躍的魔法師們

提到魔法師，大家多半會想到文藝復興時期英國知名的魔法師約翰・迪伊，還有他的夥伴，也就是與大天使尤利爾進行通訊的愛德華・凱利、或者以自己的靈魂作為代價與惡魔簽約的浮士德博士等，都是些西方人。那麼，日本真的沒有這類魔法師嗎？

其實不能說是沒有。比方說平安時代的陰陽師（※1）安倍晴明好了。他會使用符咒、驅使式鬼（式神）來避免災難或者遠離惡靈，是相當有名的施術者。不過由中國傳入日本的陰陽道其實是用來判斷事物吉凶、或者由天文現象解讀未來的技術，實際上無法除靈或者驅魔。由晴明開始的驅邪除厄過程中使用了星形圖樣並召喚異世界居民等方式，這些都和西洋魔法有不少共通點，因此人們認為陰陽道很可能採納了所羅門的法術。

另一方面，近年來西洋魔法研究家、同時也是一名作者的長尾豐表示他自己其實也是一名魔法師。他研究西洋魔法組織「黃金黎明協會」，撰寫了《黃金黎明魔法全書》等多本著作。他在魔法的大本營英格蘭經過長年研究後，自己也成功習得了魔法。

而提拔這位長尾先生的，則是過去隸屬於圖書刊行會西洋魔法系列企劃監修者的朝松健先生。他身為該公司的編輯，曾經負責克蘇魯神話相關的企劃編輯工作，1985年由於撰寫多本魔法教科書而終於以作家身分獨立。之後也出版了許多以恐怖驚悚及魔法為主題的小說。此外，將異世界的存在叫來我們身處世界的「召喚」，該詞彙會廣為世間所知，也是由於他的推廣。

（※1）觀察天體後進行占卜等工作來支撐行政的官職。之後也用來指稱使用相同咒術的平民百姓。

日本的魔法師們

安倍晴明

日本的魔法師當中最為有名的就是安倍晴明。作為傳奇陰陽師而廣為人知，在平安時代以陰陽寮官員身分大為活躍。他的力量超過了一般陰陽師的範疇，據說會使用式鬼來驅邪等，而式鬼應該是源自於西方的召喚術。

長尾豐

於英格蘭學習魔法，自稱為魔法師的西洋魔法研究家兼作者。是日本第一個針對西洋魔法組織「黃金黎明協會」撰寫著作之人。除此之外還有《黑魔法、白魔法 復活的魔法祕密儀式》、《「魔法」乃英文的家庭老師》、《西洋魔物圖鑑》等著作，也經手海外魔法文件的翻譯。經營魔法結社O∴H∴。本名為江口之隆。

朝松健

小說家兼編輯。以《喚醒變身力量的西洋魔法書》一書成為作家，之後撰寫了《魔法戰士》等小說。朝松健這個筆名來自威爾斯的小說家亞瑟‧馬欽的名字讀音。本名為松井克弘。

21

有和魔法相關的公家機關嗎？

魔法在現代雖然給人一種神祕的感覺，但這個世界上確實存在正式認定魔法的機關或設施，以下就介紹幾個。

英國有許多相關團體及設施

在「哈利波特」小說系列當中，有管理魔法的政府機關「魔法部」，以及能夠學習魔法的學校「霍格華茲魔法與巫術學院」。當然這是小說中的機關單位，但現實世界中也有許多處理魔法的組織和設施。

在美國受到大眾認可的，是以推廣占星學為目的、歷史悠久的「美國占星學者聯盟」（※1）。他們的業務內容包含研究、教育及實踐，除了針對中上等級的占星術師公開大量論文以外，也會發行資訊給一般會員。

占星術於17世紀在英國迅速發展，因此也催生了幾個有著國際性權威的占星術團體。當中最有名的就是「英國占星術協會」（※2）。為了進行研究與支援，他們每年都會舉辦大會、也會發行占星術新聞。

在日本，可以從網路申請加入這兩個團體，包含專家在內有許多會員。

除此之外，英國除了「哈利波特」作品相關的設施（※3）以外，也有處理現實中魔法的設施。收集魔法歷史及知識、世界最大的「魔女術與魔法博物館」（※4）曾在2021年東京與兵庫舉辦的「哈利波特與魔法的歷史」展覽當中，出借一部分收藏品。另外大英博物館附近也有各種專門書店，其中以崔德威爾書店在魔法迷之間特別有名。

（※1）American Federation of Astrologers, Inc.
（※2）Astrological Association of Great Britain
（※3）例如可以參觀作品布景和小道具的「The Making of Harry Potter」。
（※4）The Museum of Witchcraft and Magic

其他魔法組織與設施

除了左頁介紹的機關以外，這個世界上還有實際存在的魔法相關組織及體系，例如羅馬尼亞的職業魔女、紐西蘭的官方認可魔法師等。以下順便介紹左頁提到的「魔女術與魔法博物館」以及「崔德威爾書店」。

魔女為政府認可的職業

羅馬尼亞在2011年時修訂了勞動法，認可魔女為正式職業之一。這個國家的魔法文化相當根深蒂固，原本就有許多占卜師和魔法師。在能夠取得營業許可之後，就會被認定為一般的店家了。不過針對占卜失誤也有一定的罰則。

政府認可的魔法師

紐西蘭的基督城到2021年為止都還有個政府認證的魔法師。他就是使用魔術服務大眾來為政府進行宣傳的Ian Brackenbury Channell。在首相的提議下他成為政府認可的魔法師，30年來在大家眼前表演魔法。

魔女術與魔法博物館

原本是1951年Cecil Williamson在曼島卡斯爾敦建設的「迷信與魔女術民間傳說中心」，遭到當地發起反對運動而到處遷移，最後於1960年落腳於英格蘭的康瓦耳郡Boscastle地區。收藏了許多魔女＝治療師相關的物品，當中有許多相當獨特。

崔德威爾書店

位於倫敦的專門書店。除了年節以外不會休店。店面看起來就是隨處可見的書店，但是店內有相當多全世界魔法相關的書籍和產品，是喜愛魔法的人相當喜歡的書店。另外也有塔羅牌占卜服務、線上銷售和各種活動。

對他人施法會犯罪嗎？

有些術法能夠使用邪惡的力量傷害他人、或者使他人不幸。對他人施行這類魔法會犯罪嗎？

魔法在過去是犯罪

能夠帶給他人災禍的魔法，從上古時代就存在世界各地。比方說燃燒或煮沸對方的毛髮或指甲等東西使對方感到疼痛這類方法都算是。「就算只是本人的一部分被分開，也會對當事人造成影響」這種邏輯，在很早以前就有了（參照P.98）。

這類危害他人的術法，在古希臘和古羅馬是一種禁忌。另外中世紀之後的歐洲，基督教也將魔法視為禁忌、迫害魔法師。因此過去幾乎就認定「魔法即為犯罪」。

那麼現代又如何呢？除了少部分地區以外，大多沒有取締魔法的法律，就算是使用魔法來加害他人，也不構成犯罪。日本過去也有禁止咒術的法律，但是在二次世界大戰後就全部被廢除了。現今法律中的傷害罪或殺人罪，如果沒有具體危險性的話就不會成立，而魔法不被認定有那樣的危險性。因為無法從科學上證明魔法會對該對象造成何種作用。

不過，若是談到能不能對憎恨的對象施法，也還是有需要多多注意的地方。如果在他人不知情的情況下使用魔法，的確不會被問罪，然而若是告知對方自己施法的事情，則有可能形成恐嚇威脅、或者是對當事人精神造成損傷的傷害罪（※1）。另外，力量強大的詛咒魔法通常都要付出代價。日本自古就流傳一個俗語「詛咒他人要先挖好兩個洞」（※2），也就是要有玉石俱焚的心理準備。不管是否會被問罪，還是不要使用會比較好。

（※1）如果為了施法而糾纏對方，也有可能被視作跟蹤狂而觸犯相關法律。
（※2）所謂的洞是指墓穴，意思就是咒殺他人的話，自己可能也會死。

以魔法造成對方不幸並不算犯罪

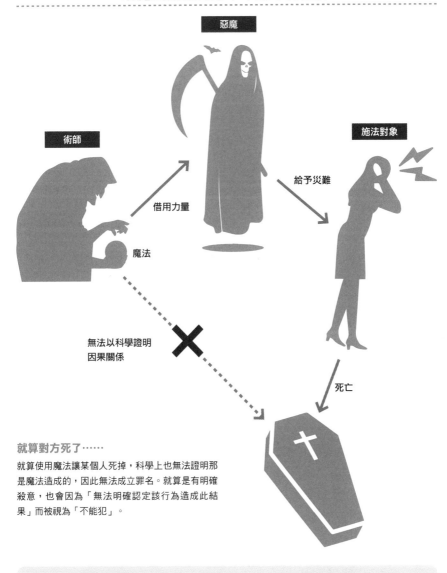

就算對方死了……

就算使用魔法讓某個人死掉，科學上也無法證明那是魔法造成的，因此無法成立罪名。就算是有明確殺意，也會因為「無法明確認定該行為造成此結果」而被視為「不能犯」。

但也有些情況會被問罪，要小心！
- ●告知對方施法的事情 …………… 脅迫罪
- ●因上述之事使對方陷入憂鬱等 ……… 傷害罪　　在日本可能會被判定為這些罪責
- ●拋棄施法時使用的工具 ……………… 非法棄置

有以法律明文禁止魔法的國家？

魔法在以前是犯罪，但現在不管哪個國家幾乎都不會問罪。不過有部分國家像是留下過往的痕跡，仍有禁止魔法的法律。

仍殘留在部分國家的禁用魔法規範

如前頁所述，魔法在過去是犯罪，但在現代基本上是不會被問罪的。因為就算是使用魔法去危害他人或者是偷東西，也無法用科學證明兩者之間的關連。但是也有國家目前仍然禁止魔法。甚至不久前都還施行禁止魔法的法律。

比方說加拿大到2018年以前都有禁止魔法的法律存在。內容是禁止「不當使用魔法或魔術又或者意圖使用」的魔法偽計罪（※1）。在2018年連續有兩件自稱靈媒的女性以「驅除惡魔」為藉口向顧客詐騙金錢的事件，最後基於這條法律而遭到逮捕，同時也引發話題。

但是這條法律畢竟太過時，因此同年年底12月13日時便廢除了。不過就在條文廢除的前兩天也就是12月11日，又有另一名女性因此法律遭到逮捕。她對顧客表示「家人會發生不好的事情」造成對方不安，要求對方付款來為其解除詛咒。不管她實際上有沒有使用魔法，警察仍然判斷她的罪名是屬於魔法偽計罪而非詐欺，使用的法律條文也是這條。也就是說雖然這法律古老又過時，但只要符合情況還是會使用。

除此之外，英國直到1951年之前都還有魔女法以懲罰那些表明自己能使用魔法的人士。這個法律在愛爾蘭一直使用到1983年，之後到2008年為止都還使用靈媒虛偽行為法來禁止以魔法詐欺。

（※1）加拿大刑法第365條。

禁止魔法的實際案例

以下列出兩個現在仍然禁止魔法的範例。無論實際上是否能夠使用、又或者是否真有效果，這些地區的共同認知就是「魔法的確存在」，至少現在還是有著足以使人疑神疑鬼的力量。

足球有禁用魔法的條例

2016年12月，在盧安達的足球大賽上，某個選手在敵對方終點線附近做出施法的動作，在憤怒的守門員追逐他的時候，就這樣進球了。該國足球協會以「避免無謂紛爭」為理由，之後在規則裡面正式加入了禁止使用魔法的條文。

規範黑魔法的刑法

魔法在印尼是融入生活當中的，不管是黑魔法或白魔法都近在身邊。在法律中也有條文表示若主張擁有使他人不幸的力量便會受罰，同時也禁止持有或販賣具有超自然力量的護身符等物品。同時將占卜作為營生工具也是違法的。

魔法師持杖的理由

特別的杖自古以來就被認為寄宿有超自然力量，因此和魔法師的形象重疊在一起。

杖是超自然力量的象徵

魔法師經常被描繪為手拿著某種杖的樣子。在格林童話的〈糖果屋〉、或者迪士尼動畫《睡美人》裡面出現的魔女也是這樣，「哈利波特」系列還為作品中每個角色的魔杖設定了細節。在日本動畫《魔法師莎莉》和《魔法少女拉拉貝爾》等魔法少女主角也都拿著手杖。物理上杖屬於棍棒的一種，是手部的延長，可以毆打對方造成更大的傷害。在這樣的邏輯下，魔法杖也是增強魔法性打擊力的一種手段。

如果去解析帶有魔法性質的杖之歷史，原本是一種表現諸神權威的物品。像是希臘神話中赫密士拿的商神杖（※1）、代表醫療的阿斯克勒庇俄斯之杖（※2）等，還有古埃及神明所拿的杖，都被認為帶有超自然的力量。在凱爾特社會中的德魯伊會揮動橡木做成的杖來施法，在《舊約聖經》的〈出埃及記〉當中也描繪了摩西的哥哥亞倫那支引發各式奇蹟的手杖。因此杖成為神祕力量的象徵，逐漸也就變成魔法師不可或缺的工具。近代則有依據黃道十二宮上色的蓮花杖（※3）被用於施展魔法。

另外，不是有杖就任誰都能夠使用魔法。就跟「哈利波特」系列故事裡提到的一樣，「魔杖會自己選擇主人」，如果不是適合的主人大多無法使用。

（※1）又被稱為雙蛇杖，是由兩條蛇交纏如DNA螺旋狀，有翅膀。
（※2）由希臘神話中的醫療之神阿斯克勒庇俄斯持有，上面纏繞著一條蛇。
（※3）由黃金黎明協會的創始者之一麥克達格‧馬瑟斯使用。

魔法師法杖的種類

象徵諸神或王者權威的華麗棍杖又被稱為錫杖或笏（scepter）。但是之後大家認為「杖有著超自然的力量」，因此成為神官和魔法師的象徵。

雖然形狀五花八門，不過由小至大最短的是法棍（rod）、可單手拿的是魔杖（wand）、跟人一樣高的則是法杖（staff）。

法棍

直直的短棒，除了木製品以外也有金屬製或玻璃製。

魔杖

可單手拿的小杖。占卜中使用的塔羅牌也有權杖這個花色。

法杖

大約有一個人高的大杖。單手用來支撐地面行走很方便，不過要揮舞的時候需要兩手才能舉起來揮動。

29

首飾原先都是魔法道具？

咒具和護符被人們視為消災解厄的首飾而為大家所熟悉，不過這些原先都是當成魔法道具來使用的東西。

自古就有的護身符信仰

人類和其他動物相比，除了一部分體毛以外，沒有任何外殼或鱗片，完全赤裸著身體，是相當罕見的存在。因此為了保護自己，會在身上纏掛許多東西。最基本的就是鞋子和衣服。這樣一來就能夠保護自己不容易受傷、也能防止體溫過低，同時也可以利用色彩和圖樣來展現出想要表現的自我。但是，在靈性方面又如何呢？

其一就是化妝、彩妝、刺青等，直接將護符刻畫在身上。

另一種方法就是戒指、項鍊、耳飾、髮飾等首飾，和衣服一樣，除了能夠用來裝飾自己以外，也有著靈性方面的守護功能。在挖掘古代遺跡的時候，就能發現史前的古代社會便已經有這類概念的首飾。那些東西會仿照神明或動物的形象設計，人們在製作的時候也會直接使用或加工貝殼、動物的骨骼或石子等。尤其是翡翠這類東西在研磨技術尚不發達的時代也能閃耀著美麗光輝，因此受到重視、作為驅魔的附身符來使用。

在加工技術提升以後，護身符的樣子變得更加美麗，也成為地位和權利的象徵，進化為現代也相當熟悉的珠寶飾品（※1）。即使如此，大家還是沒有忘記這類東西原先有著護身符的作用，因此也會在它們身上尋求能量石的效果等，在「防止自身發生災難用的護身符」這點其實並未改變。而在護身符當中，幸運物或掛飾雖然只有求心安的程度，但是咒具和護符這類東西就有實際效用，會依其材質、形狀和鐫刻的文字讓魔力附著在上面。

（※1）首飾當中使用了寶石和貴金屬的飾品。

蘊含魔力的首飾

　　掛飾雖然只有「拿著比較安心」的程度，不過人們認為咒具除了護身以外，大多也蘊藏了特別的魔法力量。至於護符則通常是強化魔法防禦力。

掛飾	咒具	護符

驅魔方法的一種，有呼喚幸運的力量。最常看到的是被認定可帶來好運的四葉草圖樣。	可用來驅魔的物品中最具代表性的小型飾品。包含戒指和耳環等。日本的御守也屬於這類物品。	能夠正向提高自己能力的驅魔護身符。與占星術有關，通常是星星的圖樣或形狀。

弱 ◀━━━━━ 魔法防禦能力 ━━━━━▶ 強

世界各地傳承的護身符

　　世界各地都有當地特有、具驅魔效果的護身符。

　　印度把印度教的神明迦尼薩的神像當成護身符。

　　美國有保護自己不做惡夢的補夢網。據說宛如蜘蛛網的部分會攔下惡夢，讓人只會做好夢。

　　土耳其有模仿眼球的樣子製作的惡魔之眼，用來防止邪眼的詛咒。這也是土耳其的名產。

　　埃及有神話時代流傳下來、代表生命力的傳統護身符安卡，這個形狀經常被用於首飾的圖樣。

惡魔之眼

迦尼薩	補夢網	安卡

身邊寄宿魔力的日常生活用品

除了P.30介紹的首飾以外，有魔力的工具近在身邊。在日用品當中，也有些東西自古以來就被認為帶有魔力。

掃把和鏡子也曾是魔法道具？

在我們平常使用的工具當中，也有些自古以來就被認為帶有魔力。最具代表性的就是掃除工具中的「掃把」。大家應該對於魔女跨在掃把上飛翔的樣子很熟悉吧。不管是《綠野仙蹤》、《魔女宅急便》還是《哈利波特》當中都有這樣的場景。

掃把從以前就被認為帶有魔力，在古羅馬也是侍奉女神黑卡蒂的巫女的象徵。掃把的把手是魔法杖的代用品，也結合了男性性器官象徵，因此在結婚典禮中就有跨越掃把來祈求早生貴子的習慣。在日本也將掃把當成「掃去汙穢」的咒具，在奈良便會用於神事（※1）。這類魔力被基督教視為異端，因此後來被描繪為魔女的表徵。追根究柢會發現掃把是一種魔法工具，而北歐地區也認為魔女會坐在手杖這種長柄物上飛行。

鏡子也是蘊含魔力的工具之一。由於能夠映照出東西這件事情非常神奇，因此從以前就被認為相當神聖。在日本，就有由天皇家代代傳承的的三神器之一「八咫鏡」。另外，由於鏡子會映照出另一個世界，因此也有著區隔此世與彼世、又或者是其他世界的入口等神祕印象。《白雪公主》的故事裡也出現能與魔女問答「這世界上最美麗的女人是誰？」的奇妙鏡子；《愛麗絲鏡中奇遇》的愛麗絲也是穿過鏡子去了另一個世界。除此之外還有許多以鏡子為題材的作品，因此大家也就認定鏡子擁有神祕的力量。

（※1）在日本有個咒術「倒立掃把」，是將掃把倒放在大門口，就能夠趕走客人。

身邊的工具

帶有魔力的工具中最具代表性的就是掃把。大家都知道這是魔女在天空中飛翔的工具。

鏡子從以前就被認為是相當神聖的東西,是世界各地都會在祭典中使用的魔法工具。由於鏡子會映照出另一個世界,因此也有很多故事當中描述那就是不同的世界,讓鏡子的神祕性更上層樓。

除此之外還有北歐的盧恩文字(尤其是在拉丁文字普及後)除了被刻在日常生活用品上,占卜的時候也會運用到盧恩文字,是施行魔法的一種,因此也具有魔力。

掃把

鏡子

對照鏡的都市傳說

如果讓兩面鏡子相對,因為會彼此映照產生無限連續的世界,據說惡魔就會由此出現。

塔羅牌

蘊含魔力的物品當中,塔羅牌也相當有名。塔羅牌出現在中世紀,最初是當成遊戲用具。到了18世紀開始用於占卜,19世紀時被魔法組織「黃金黎明協會」當成魔法工具使用。到了現代仍然是占卜中最具代表性的工具,其神祕力量相當受歡迎。塔羅牌是由被稱為大阿爾克那的22張圖卡和小阿爾克那56張數字卡共78張組成。

大阿爾克那
共22張

描繪了「愚者」、「隱者」等圖畫的卡片。正位和逆位的意義不同。占卜中為了較大的提點,也經常只用這組牌。

9號的隱者

小阿爾克那
共56張

寶劍、聖杯、金幣、權杖這4種牌卡各14張,用來表現日常的瑣碎之事或心境變化。後來各少一張就成了撲克牌。

權杖3

33

能量石的種類與效果

能量石指的是有著驅魔和帶來幸運力量的寶石。種類多達數百種以上，各自有其特殊的力量。

近年來盛行的能量石信仰

閃爍著美麗光輝的寶石被認為具備特別的力量，自古以來在世界各地都會被當成護身符。在美索不達米亞及埃及的遺跡當中都出現了青金石或者紅玉髓的裝飾品，日本在繩文時代也會在儀式過程使用翡翠。近年來美國開始注重寶石的療癒能力，到了日本就成為對於石頭（※1）的親近感。

能量石的種類繁多，主要的幾種各自有哪些效果都刊載於本書P.186。關於要選擇哪種石頭也有五花八門的指南。在歐洲的主流是將石頭與占星術結合，搭配黃道十二宮的「星座石」。每個星座都有占星術師選擇的守護石，在身上穿戴自己星座的石頭，就能夠提高運氣、提升能量。

另一方面，在日本則有誕生月與石頭結合的「誕生石」，相當廣為人知。這是1912年由美國的珠寶業界所訂下的規則，認為如果選擇自己月分的石頭就能夠得到幸運。另外在亞洲圈也有「干支石」的概念，比方說子年是琥珀、丑年是珍珠等，是搭配出生年分的生肖來選擇石頭的方法。

這些選擇方法的共通之處就是總共有12種，起源可追溯到《舊約聖經》裡面的《出埃及記》提到了12種石頭。後來才將這個概念連結到星座、月分或干支等。

（※1）「能量石」（Power Stone）是日本獨特的稱呼方式，在英文圈當中稱為crystal（水晶、結晶）或者Gemstone（準寶石）。

「星座石」與它們的魔力

　　以下介紹將能量石結合黃道十二星座的「星座石」。佩戴自己星座的石頭，就能獲得魔力、提升運氣與能量。關於其他石頭的一覽表請參照本書P.186。

牡羊座

紅寶石

被稱為「寶石中的女王」，紅色而熱情的石頭。與藍寶石同樣屬於剛玉類礦物，具有極高的硬度。可以提高大膽且積極行動的力量。

金牛座

祖母綠

和海藍寶石一樣屬於綠柱石礦物，是有著美麗綠色的石頭。是能夠加深與他人牽絆、建構順利關係的溝通之石，也具有提高智慧的力量。

雙子座

托帕石

又被稱為「黃玉」，大多接近黃色，但也有很多藍色的黃玉。代表詞彙是「誠實」，能夠恢復為天真的心情，和週遭之人維持良好關係。

巨蟹座

藍色月光石

月光石中帶有淡淡藍色光輝的石頭。月光石被認為是一種寄宿著月亮力量的石頭，能夠傳達愛意、撮合情侶，也能讓夥伴之間的關係更加圓滿。

獅子座

琥珀

樹液經過相當長一段歲月後成為化石，有些甚至長達3億年。特徵是色彩相當神祕，能夠帶給人地球自太古以來擁有的生命力。

處女座

紅條紋瑪瑙

特徵是有著紅色條紋圖樣的瑪瑙石。自古以來就被當成裝飾品或護身符。能讓人重視與他人的相會、維持與相會之人的緣分長久。

天秤座

石青石

和孔雀石同類的礦物，特徵是有著美麗的皇家藍色。比孔雀石稀有。具有看透未來的能力，會幫助人判斷重要的選擇是否正確。

天蠍座

碧璽

會因為摩擦或熱能而帶電，因此又叫「電氣石」。據說這種電氣很容易產生負離子，可以安定心神、提高健康運。

射手座

杉石

在日本發現而被認定為礦物的石頭。其名稱來自於發現者杉健一博士的姓氏。療癒效果相當高，是世界三大療癒石之一。

摩羯座

綠松石

使人聯想到海洋或天空的藍色石頭。自古以來就被當成護身符使用，是大家熟悉的石頭。據說持有者若將面臨危險，石頭會變色來警告持有者，通常用來祈禱旅行安全。

水瓶座

藍寶石

和紅寶石一樣屬於剛玉類礦物的藍色石頭。硬度僅次於鑽石，可以提高集中力、直覺能力並且提升領導者性質。

雙魚座

貴橄欖石

有著鮮明綠色的石頭。自古以來被當成「太陽之石」崇敬，其能量能夠帶來積極及勇氣，可以保護自己不受負能量影響。

真的有魔導書嗎？

為了施展魔法而用的魔導書……正確來說應該是魔法書，《所羅門鑰匙》和《所羅門的小鑰匙》等都相當知名。

中世紀歐洲撰寫的各種魔法書

古文明地區美索不達米亞的黏土板、還有埃及的莎草紙上都有關於魔法性質的治療、或者驅魔護身符等描述。也就是說，魔法書一類的東西說是與文字紀錄一起開展的也並不為過。

但是以現在西洋魔法的族譜來看，應該是源自於馬其頓王國的亞歷山大大帝東征（西元前336年）而帶動的希臘化時代，也就是「東方文化與西方文化融合」所造成的。以埃及的港灣都市亞歷山大港為中心，西元前3世紀就有用希臘文寫成的各種赫密士文件（P.160），之後不斷受到基督教的強烈影響，一直到西元3世紀才終於出現一定的體系。這個時期不可或缺的文獻就是用希臘文撰寫的偽經典《所羅門遺訓》，內容是描寫天使戒指與所羅門和魔神的對話。

不過，將大量的赫密士文件編纂成《赫密士文集》是11世紀時東羅馬發生的事情，西歐要認知這些文件，必須等到15世紀翻譯成拉丁文以後。而在早前的12世紀後半有假托所羅門王撰寫的《聖導之書》、13世紀前半有主題為召喚天使的第一本正式以拉丁文撰寫的魔法書《荷諾流斯宣誓之書》。另外還有《賢者之書》、《天使拉結爾之書》（P.161）等。

到了15世紀，所羅門文獻的最終版本、也就是教科書《所羅門鑰匙》以希臘文撰寫完畢，同時翻譯為拉丁文等語言（為了避免和後來的其他文獻混淆，被稱呼為《所羅門王的大鑰匙》）。之後在以理解本書內容為前提之下撰寫的則是《所羅門的小鑰匙》（P.78）和《大奧義書》（P.161）等。

何謂魔法書？

撰寫了各式各樣魔法術式、方法及使用工具等的書籍。特別是中世紀到近世歐洲出現了很多這類書籍。法文中稱為「Grimoire（奧義書）」。雖然很少有最初的版本留下、也大多作者不明，但因為有後世的魔法師們抄寫及重新編纂而得以流傳到現代。

- 大多誕生於中世紀到近世的歐洲
- 又被稱為奧義書或黑書
- 記載著關於魔法及咒具等內容

具代表性的魔法書

以下介紹4本左右頁有稍微提到的基礎魔法書。其他要介紹的書還很多，《所羅門的小鑰匙》在P.78、《賢者之書》在P116、除此之外在P.160起會介紹。其中有不少作者都是所羅門王，因此原文應該是希伯來文，不過當中有時候會出現關於耶穌的記述，因此無法否定後世的影響。話雖如此，作者和書籍的權威性並無關係，魔法師應當要專注於內容的術式。

所羅門遺訓

在舊約聖經當中曾經被納為「正經」卻又被拿掉的就稱為「次經」，而從未被認可為正經的就稱為「偽經」。本書是根據猶太人傳說、用希臘文書寫的偽經，內容是說所羅門王在建設神殿時遭到魔神妨礙而向神祈禱，於是天使米迦勒便賜給他戒指。所羅門以戒指的力量使魔神們臣服，詢問出他們天敵的天使及其聖名，才平安完成了神殿。

荷諾流斯宣誓之書

也常簡稱為《宣誓之書》。西元前2世紀前後，從拿坡里、雅典、托利多等地聚集了811名魔法師，請底比斯的荷諾流斯（以幾何學聞名的歐幾里得之子）幫忙將他們的智慧編纂成書。書上否定與惡魔進行交易的黑魔法，內容是借用神明與天使力量的白魔法。最諷刺的是這本書成為後來召喚魔神等魔法書的基礎。

聖導之書

原名ars notoria是「有名的術法」也表示是「書記的術法」（埃及的書記之神托特也是魔法之神）。內容是天使米迦勒傳授給所羅門的祈禱和圖像集，用拉丁記載了他是如何透過冥想和祈禱來理解各種學問（咒文則有希臘文和希伯來文）。後來被翻譯成英文，收錄為《所羅門的小鑰匙》第5書，也更名為〈Ars nova〉。

所羅門王的大鑰匙

原先是希臘文，已經翻譯為拉丁文、義大利文、法文等，因此被廣泛閱讀。不過版本相異處很多，要重建原典極為困難。實踐魔法師麥克達格・馬瑟斯將內容刪除黑魔法部分之後，用英文整理為儀式魔法的教科書。當中有許多祈禱、咒文、包含七芒星在內的神祕圖形、行星護符、魔法工具等，建立了用來閱讀其他魔法書時的基礎。

「Abracadabra」是什麼咒文？

「Abracadabra」是相當有名的咒文。這其實是西洋魔法中傳統上一直都有在使用的治療咒文。

原先是2世紀前後醫師使用的咒文

想來大家都聽過「Abracadabra」這個咒文吧。除了經常被使用在魔術表演當中，「哈利波特」系列裡也有稍微修改發音後的咒文「啊哇呾喀呾啦」。在美國的迪士尼園區內也有個稍微改變文字排列來命名的「AbracadaBar」（※1），這間酒吧裡販賣的是冠上魔法名稱的各種調酒。

「Abracadabra」這句咒文最一開始是在2世紀前後的學者兼醫師賽萊努斯‧薩摩尼古斯的著作《醫學究極教條》當中寫下當時流行的瘧疾治療方式「ABRAKADABRA」。然後又說明「將這些文字寫在紙上，接下來一行少寫一個字，一直重複到只剩下一個字（參照右頁）。接著將那張紙捲起來掛在脖子上，9天後投進河流中」。當時認為疾病是惡魔造成的，所以會使用咒文逼退惡魔。之後這句話就變成用來避免疾病或災害的咒文，如果做成護身符，治癒能力據說甚至能夠治療瘧疾以外的疾病。

語源眾說紛紜，有幾種廣為人知的說法是「如同此話語消失吧」、「依我所說變化」或者是希伯來文的「如我所說創造事物」等等，但都沒有確鑿的證據。總之解釋起來應該就是「用這句話來命令病魔，這樣就能夠治癒疾病」。現代幾乎不會用在醫療方面了，但它神祕的語調感還是成為最具代表性的魔法咒文。

（※1）背景設定是以前魔法師都會到這間酒吧，有一天大家卻都消失了，但是原先使用的物品有許多都留了下來。

本來是用來治療疾病的咒文？

祈求疾病盡快痊癒，會像下方這樣寫下「ABRAKADABRA」，並且在往下書寫的過程中陸續減少一個字，最後會變成一個三角形。

```
ABRAKADABRA
 ABRAKADABR
  ABRAKADAB
   ABRAKADA
    ABRAKAD
     ABRAKA
      ABRAK
       ABRA
        ABR
         AB
          A
```

將寫有這個
文字陣的護身符隨身攜帶

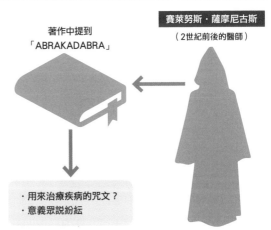

賽萊努斯・薩摩尼古斯
（2世紀前後的醫師）

著作中提到
「ABRAKADABRA」

・用來治療疾病的咒文？
・意義眾説紛紜

有能夠讓人變成透明人的咒文？

透明化是人類的夢想之一，魔法書上也記錄著用來實現這個夢想的咒文。可見以前的人一直相信可以用魔法來使自己變得眼不可見。

成為不可見者的魔法是？

雖然大家常聽到的說法是透明人，但英格蘭作家H‧G‧威爾斯的小說原文名稱是《invisible man》，也就是「不可見之人」。透明=clear；不可見=invisible，如果只是單純變透明，那麼應該會像玻璃那樣還是能夠看見。

不可見這個主題經常出現在SF小說或懸疑小說當中。除了前述的小說以外，這樣的題材也會在電影裡登場，還有使用披風、蓑衣等物品來隱藏姿態的橋段也經常出現在民間故事裡，不勝枚舉。想來眼所不能見應該也是人類的夢想之一吧。不過，確實有魔法書記載了該如何實現這個所謂眼所不能見的方法。比方說最有名的魔法書《所羅門王的鑰匙》的異本《知識之鑰》就有提及，步驟如下。

①在1月土星之日（※1）與土星之時製作一個戴著王冠的男性蠟人偶。②在人偶的王冠上用針寫上魔法符號。③抓一隻青蛙，殺掉之後剝皮。④把剝下來的皮寫上另外的魔法符號。⑤前往洞窟。用自己的頭髮將人偶吊起來，在下面焚香。⑥唱誦咒文「metatoron、mereku、betoro、noto、venibeto、maku。向您祈願。使吾化為不可視。」⑦將人偶和青蛙皮放進箱子裡埋到地下，不能被任何人發現。⑧想要不被人看見的時候，就將人偶從地下挖出來，放在左胸的口袋裡，念誦咒文「不離吾身引領吾」。

依照以上順序做完以後，瞬間就會變成看不見的人。辦完事情以後就把人偶埋回去，之後只要重複步驟⑧就能不被看見。

（※1）此指星期六（譯註：日文中為土曜日）。七曜星的由來就是古人認為水星、金星、火星、木星、土星和太陽及月亮支配了時間與空間。

使用魔法時的圖形意義是？

使用召喚術的時候會在地面上描繪的圖形稱為魔法圓。魔法圓會使用各式各樣的文字和圖形，有其各自意義。

圓形、三角形及方形的意義

　　魔法師會在地面上描繪神祕的圖樣，然後在當中使用魔法，這種場景大家應該都在電影或者動畫裡看過吧。這個圖樣被稱為「魔法圓」，能發揮結界的效果。要呼叫危險的惡魔出來的時候，如果待在魔法圓裡面就不會被惡魔攻擊，可以安全進行儀式。

　　關於各種魔法圓在各式魔法書中的樣貌，要呼喚不同的惡魔或精靈時，圖樣也會跟著改變，基本上是如右頁介紹的那樣、在同心圓中描繪文字及圖形。成為構成要素的圖形有圓形、三角形、方形、五芒星和六芒星，各自有其意義。圓形是自古以來就有的圖形，像是太陽、蛋、眼睛、輪子等都很基本。三角形是受到希臘哲學的影響，用來表示3個要素的穩定平衡。像是天空、水、大地；現在、過去、未來；父親、母親、子女等，可以用來代入各種東西。方形也是一樣，用來表現四大元素、四大天使、東南西北、春夏秋冬等4個元素穩定均衡的狀態。

　　另外，在亞伯拉梅林魔法當中，會將方形切割成格子，並且為每一格填入文字當成護符使用。在格子裡填入數字使其縱、橫、對角線合計皆相同的「魔方陣」（※1）也被用於魔法。至於五芒星和六芒星的介紹請參考P.44。

　　還有，日本的奇幻作品也稱其為「魔法陣」，其中也有「異界之門」這種召喚惡魔的使用方法，不過這屬於作品獨特的設定，和西洋魔法的魔法圓不同。

（※1）又叫幻陣。比方說在九宮格當中填入數字1～9，可以讓每條縱、橫、對角線合計都是15。這種數字的神祕性被認為帶有神奇的力量，因此被人拿來當成護符。

魔法圓架構及內容

魔法圓主要是在使用召喚術的時候描繪在地面上，用來保護自己不受召喚出的惡魔或精靈傷害的結界。描繪的內容會因術式而異，但基本上是在同心圓的外圈內寫上神及天使的名字、中央描繪圖形和記號。惡魔和精靈無法進入這個圓中，因此只要

待在圓內，就能夠安全施術。另外，施展以諾魔法的場合，如果因故無法在地面上畫魔法圓，也可以讓魔法圓在腦中浮現，具有相同的效果。不過必須要非常強烈地思考，腦中的圖案要相當清晰才行。

基本魔法圓

基本上是同心圓

外圈內記載著神和天使的名字

中央描繪圖形和記號等

在這裡唱誦咒文召喚惡魔等物

惡魔無法侵入魔法圓中

↓

魔法圓＝用來保護施術者的結界

魔法圓中經常使用的圖形

主要結構是圓形、三角形和方形。古希臘有畢達哥拉斯和泰利斯等人進行圖形的研究，認為數字及圖形的神祕性質有著神奇的力量，這點被納入魔法當中，因此才催生了魔法圓。

三角形

比圓形新一點的圖形，象徵「三位一體」。表現3種要素穩定而均衡。

圓形

原先就是自古以來便存在的基本圖形。象徵「偉大的太陽」、「生命泉源蛋」、「輪轉的輪子」等。

方形

三角形的延伸，表現4種要素的穩定。有時候會切割成格子形狀填入文字或數字。

被用於魔法圓的五芒星和六芒星是什麼？

經常被運用在魔法圓和護符上的五芒星和六芒星，這兩者看起來是有點相似的星形，也都是蘊含著魔力的圖形，但其中的神祕意義卻不相同。

五芒星和六芒星的不同

在P.42介紹的魔法圓當中，經常使用到的圖形包含五芒星和六芒星。各自形狀如右頁所示，有很多首飾會使用這兩種圖案，因此應該有很多人看過。這兩種都是驅魔的圖樣，不過符號的意義基本上並不相同。

五芒星是用來表現四大元素「火、水、風、土」加上精神共5個要素，被認為是構成世界的重要元素。又被稱為五角星，經常用於魔法及鍊金術。在《所羅門的遺訓》裡就提到傳說中的所羅門王持有的戒指上頭刻有五芒星圖樣，並使用那個戒指隨心所欲地使喚惡魔及天使。

另外這個圖樣也有驅魔及守護的力量，能使精神能量穩定。不過若將五芒星倒過來，就會變成「慾望、獨裁」等意義，變化為象徵惡魔（＝物質主義）的圖樣，必須多加留心。在東方，五芒星則代表陰陽五行說的「金、木、水、火、土」，同樣具有驅魔的效果。

另一方面，六芒星是將朝上與朝下的正三角形結合在一起的圖樣，因此用來代表正與負、主動與被動、上升與下降等相反性質的融合及和諧。這樣可以產生巨大的力量，也具有強化精神能量的效果。又被稱為大衛之星或六角星，在鍊金術中代表授予真實智慧的「賢者之石」。雖然也作為猶太教象徵而被描繪在以色列國旗上，但在日本也被認為擁有驅魔的效果，一般稱為籠目（※1），經常在生活中使用。

（※1）以竹子或藤條編成格子狀的圖樣。用線條圍出的三角形部分象徵眼睛，許多眼睛相連據說能夠讓邪氣無法接近。

五芒星

五芒星是由相同長度的5條線構成,中央為正五邊形。在錬金術和卡巴拉當中象徵「有如小宇宙的人類」。巴比倫尼亞地區認為每個頂點有一個行星,之後西洋認為這是四大元素＋精神。陰陽五行說理論中則用來表現構成萬物的5種屬性以及其強弱關係。

巴比倫尼亞的五芒星
各頂點用來表示身為神明的木星、水星、火星、土星、金星這「五行星」。

西洋的五芒星
代表世界上的四大元素＋精神,也是構成人類的重要要素＝有如小宇宙的人類。

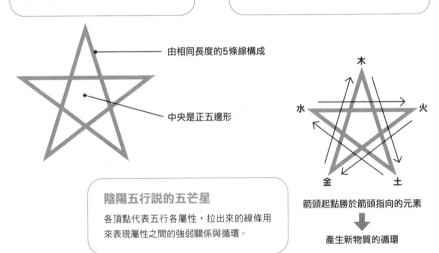

由相同長度的5條線構成

中央是正五邊形

木

水 火

金 土

箭頭起點勝於箭頭指向的元素

➡ 產生新物質的循環

陰陽五行說的五芒星
各頂點代表五行各屬性,拉出來的線條用來表現屬性之間的強弱關係與循環。

六芒星

六芒星是由正反兩個正三角形構成的圖形。朝上的正三角形代表「主動」「上升」;朝下的正三角形代表「被動」、「下降」等,各自代表相反的力量。這兩種力量融合、調解後能夠產生巨大的力量,強化精神能量。

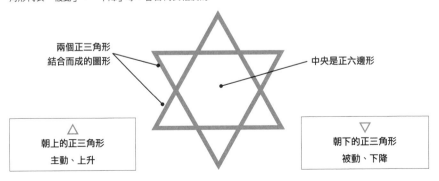

兩個正三角形結合而成的圖形

中央是正六邊形

△
朝上的正三角形
主動、上升

▽
朝下的正三角形
被動、下降

聽說莎士比亞喜歡魔法？

莎士比亞的作品當中有好幾個出現了魔法師和精靈。莫非莎士比亞也是魔法師？

時代所追求的魔法世界

英國劇作家威廉‧莎士比亞在作品中經常讓超自然存在出現，這件事相當有名。那麼，他是否真的很喜歡魔法要素？

他出生於1564年，並且在25歲（1589）時開始推出《亨利六世》三部曲嶄露頭角，到了28歲（1592），他接連發表《錯誤的喜劇》、《馴悍記》等作品，但這時候的作品都還沒有出現超自然現象。

一直等到較為成熟的30多歲階段，在1595年《羅密歐與茱麗葉》之後發表的《仲夏夜之夢》是第一次出現超自然現象的作品。而且不僅僅是喜歡惡作劇的帕克及妖精王歐伯龍、女王泰坦妮雅，出現的角色有大半都是妖精。97年的《溫莎的風流娘兒們》和99年的《亨利五世》則是提及了魔神巴爾巴森（相當於P.163的「5號瑪巴斯」）的名字。

到了1600年代，他開始著手撰寫四大悲劇（※1），在第一部《哈姆雷特》和最後的《馬克白》當中，亡靈都是非常重要的角色，而且後者還有帶來毀滅預言的三魔女、以及魔女的女神黑卡蒂登場。

到了晚年的1611年，事實上的遺作《暴風雨》裡面也有魔法師普洛斯彼羅和風之精靈愛麗兒一起召喚暴風雨作亂。

這樣看來，莎士比亞是在中期以後才開始關注魔法話題。當時英國正是文藝復興全盛期（※2），除了大眾文化的推廣以外，民眾也將焦點放在基督教世界所沒有的魔法和超自然傳承上。莎士比亞應該是相當關注世間話題，才因應期待寫下了大眾想看的故事吧。

（※1）1600年《哈姆雷特》、04年《奧賽羅》、05年《李爾王》、06年《馬克白》
（※2）從伊麗莎白一世到詹姆斯一世、查爾斯一世的時代，橫跨1558～1642年左右，是文藝復興全盛期。

有魔法師和妖精登場的作品

　　莎士比亞筆下出現魔法師和妖精的作品中最具代表性的有3個。《仲夏夜之夢》是以英國傳承中的羅賓‧古德費羅作為樣板打造出帕克這個妖精；《暴風雨》也有使用魔法的妖精愛麗兒；而《馬克白》的主角馬克白與其妻子則受到三魔女和魔女的女神黑卡蒂教唆而落入悲劇結局。這些都顯現出莎士比亞對於魔法傳承有一定程度的關注，也可以說是時代有這樣的需求。

《仲夏夜之夢》

妖精帕克用了「醒來後就會愛上最初見到的對象」這種魔法靈藥，導致妖精王和女王、兩對男女的情感陷入一片混亂。一部大家在最後都迎接快樂結局的喜劇。

《暴風雨》

為了協助被國家流放的前米蘭大公復仇，妖精愛麗兒用魔法吹翻了現任大公和國王等人搭的船隻。但是大家都對自己的罪過懺悔，前米蘭大公最後放走了大家，結局交由觀眾想像。

《馬克白》

由於受到魔女預言的蠱惑，馬克白殺了國王。雖然和妻子一起登上王座，卻因為害怕罪證暴露而又殺了人。之後魔女再次預言，兩人最後遭到鄰國軍隊殺害，以悲劇收場。

泛靈信仰是魔法？

泛靈信仰是指認為「所有東西都有自己的靈性」這樣的概念。一般被認為是原始宗教的起源，魔法也存在泛靈信仰的性質。

既是宗教也是魔法

泛靈信仰（animism）原先是來自拉丁文代表「靈魂、生命」的anima。一樣從這個字根衍生而來的詞彙包含animal／動物、animate／動畫（※1）等，共通的概念就是活動這個印象。

1871年英格蘭出身的文化人類學之父愛德華·伯內特·泰勒在其著作《原始文化》當中提出泛靈信仰這個詞彙並且加以定義。簡單來說就是認為「所有東西和自然現象都寄宿了個別的靈魂與精神」這種想法。除了人類和動物以外，植物、山川、建築物、工具等，一切都有靈魂存在，甚至可以說是有生命的。這樣一來只要帶著敬意，就能夠與萬物對話甚至產生相互作用。因此就產生了「對於靈性存在的信仰」，因此泰勒認為「泛靈信仰是所有宗教的起源」。實際上許多原始民族的信仰的確都很接近泛靈信仰。

日本的神道認為生活周遭有八百萬諸神（近似於精靈），因此到處都有神明，這是相當泛靈的概念。崇敬死者與祖先的靈魂也符合這一點。

以西伯利亞以外的亞洲為中心，世界各國都有降靈（降神）或幽體脫離這類與眾神、靈或者異世界交流的術師（巫覡），支撐其根源的也是泛靈信仰思想（≒巫覡信仰）。日本的巫女和潮來也會做相同的事情。這也是召喚術的原點，可說是與自然建立關係的自然魔法根源，相當具有魔法性質。

（※1）動畫的意義是在不會動的東西中灌注生命使其動起來。

何謂泛靈？

不管是自然物品或者人工物品，認為「一切東西都寄宿著靈魂並且活著」的想法。實際上認為岩石、山峰和樹木等物體上有精靈（≒神）寄宿並且信仰祂們的不僅僅是日本，在大自然豐饒的國家或民族之間，這樣的思想也都是自古便存在。這種想法衍生出「肉體和物體不過是靈魂的容器」的概念，因此導出「肉體死掉之後靈魂會回到天界或冥界，重新寄宿於其他肉體」這個結論，也就是「轉世」和「死後生命」的理論，因此產生了宗教。

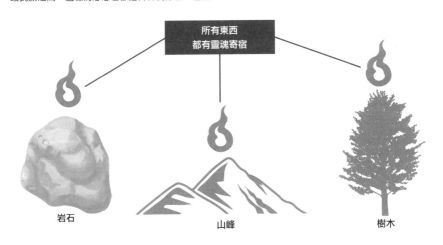

所有東西都有靈魂寄宿

岩石　　　　　　　山峰　　　　　　　樹木

泛靈信仰及魔法

大多魔法都是使用靈性的力量，因此可說是泛靈信仰的一種。傾聽靈的聲音得知祕密的死靈術、呼喚精靈或惡魔的召喚術等，很明顯就是泛靈信仰的一部分。利用森羅萬象的自然魔法當然就更不用多說了，像是崇敬橡樹、借用其力量的德魯伊魔法。就連最接近科學的鍊金術，追根究柢也有著四大精靈（掌管構成萬物的四大元素的精靈）思想。占星術的前提也是行星和宇宙中有靈。

術者

· 傳遞靈的話語
· 預言
· 治療疾病

與靈通訊

大眾

出現在魔法相關書籍和網站上的「GD」

19世紀誕生於英國的魔法結社。復甦且統整了各種魔法體系，是近代魔法結社的源頭。

19世紀成立的魔法結社

「Hermetic Order of the Golden Dawn」（簡稱『GD』）是由威廉‧韋恩‧維斯特考特、威廉‧羅伯特‧伍德曼、麥克達格‧馬瑟斯等3人在1888年設立的魔法性質祕密結社，也就是「黃金黎明協會」。除了復甦及統整個魔法體系以外，也學習神祕學原理和赫密士魔法，活動目標是與神匹敵的高等力量及完全性。順帶一提，據說在設立的時候，維斯特考特和德國魔法結社的安娜‧施普倫格爾以信件連絡，由祕密首領（※1）處得到了設立許可。

黃金黎明協會內部區分為第一組「黃金黎明協會」、第二組「紅薔薇與黃金十字協會」、第三組「祕密首領」，位階則是對應卡巴拉的賽費洛特之樹（※2）。

成員陣容相當豪華，包含諾貝爾文學獎得主威廉‧巴特勒‧葉慈、奇幻小說《吸血鬼德古拉》的作者布拉姆‧斯托克、號稱20世紀最偉大的魔術師阿萊斯特‧克勞利（※3），全盛時期有300多名會員。

但是1892年由於馬瑟斯過度正直而廉潔導致內部糾紛頻傳，最後就分裂了。另外新設立的社團包含「黎明之星（Stella Matutina）」、「神之大同胞（Great Brotherhood of God）」等，原先的教義和魔法體系就由這些組織繼承。正因如此，雖然相當諷刺，但是「黃金黎明協會」就等於是近代魔法社團的源頭。

（※1）能夠允許魔法結社創立的靈性存在。非人類但偷偷教導人類。
（※2）古代猶太教神祕思想「卡巴拉」使用的圖片。
（※3）詳細參照P.124。

黃金黎明成員與分裂後的團體

　3位設立者原先就是玫瑰十字會或共濟會的成員，因此也強烈反映出那些機構的思想。另外再加上赫密士主義、埃及魔法等，就產生了近代魔法源頭的西洋魔法思想。另外，黃金黎明協會的全盛期還曾在巴黎、倫敦、愛丁堡等地設立神殿。

●設立者

威廉・韋恩・維斯特考特（1848～1925）
　醫師，為玫瑰十字會、共濟會、神智學成員

威廉・羅伯特・伍德曼（1828～1891）
　醫師，為玫瑰十字會、共濟會成員。也是卡巴拉的信奉者

麥克達格・馬瑟斯（1854～1918）
　魔法研究家，玫瑰十字會的成員。首位將《所羅門王的大鑰匙》翻譯成英文出版的人

●知名成員

威廉・巴特勒・葉慈（1865～1939）
　獲頒諾貝爾文學獎的愛爾蘭詩人。

阿爾傑農・布萊克伍德（1869～1951）
　英格蘭的小說家，是近代英國怪奇小說三巨頭之一。

亞瑟・馬欽（1863～1947）
　威爾斯的小說家，近代英國怪奇小說三巨頭之一。

布拉姆・斯托克（1847～1912）
　愛爾蘭小說家，《吸血鬼德古拉》的作者。

威廉・克魯克斯（1832～1919）
　發現鉈的物裡英國物理學者。

阿萊斯特・克勞利（1875～1947）
　20世紀最強大的魔法師。托特塔羅牌的發明者。

亞瑟・愛德華・偉特（1857～1942）
　偉特版塔羅牌的製作者。

茉德・岡（1866～1953）
　女演員兼革命家，葉慈心心念念的對象。

●分裂後的主要團體

　1892年馬瑟斯直接連絡祕密首領。之後就因為內部成立了獨立的組織而引發各種糾紛，最後分裂出下方的團體。

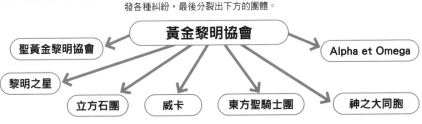

黃金黎明協會 → 聖黃金黎明協會、Alpha et Omega、黎明之星、立方石團、威卡、東方聖騎士團、神之大同胞

51

何謂「等價交換法則」

在漫畫《鋼之鍊金術師》故事中提及的鍊金術基本法則。作品中的說明是「要獲得什麼東西就必須支付同等代價」。

漫畫《鋼之鍊金術師》中的鍊金術基礎

荒川弘的漫畫《鋼之鍊金術師》是圍繞著下定決心執行禁忌之術「人體鍊成」的愛德華（愛德）及阿爾馮斯（阿爾）兩兄弟與鍊金術（※1）的冒險故事。也有改編為動畫和真人電影。

而本作中最重要的骨幹便是「等價交換法則」。這是由原材料與鍊成後生成的東西總質量不變的「質量守恆定律」和原材料與鍊成後的物品必須是同性質的物質這個「大自然法則」兩者合一的規定，作品中最有名的台詞便是「人必須要有所犧牲才能獲得東西。要得到什麼東西就必須付出同等的代價」。

在我們世界中的鍊金術，是一種要將鉛等卑金屬變化成金、銀等貴金屬的魔法。融合了金屬加工技術、占星術、赫密士主義（※2）等，誕生於西元前3世紀的古埃及，在12世紀以後的歐洲大為流行。

實際上鍊金術的主幹在於認定「一切東西都是由相同根源物質形成的，因此可以使其變化、改變性質」，也就是「物質原一性（unit）」這樣的概念，導出的結論就是「萬物會持續變化，不會有任何東西消滅」。而所謂「等價交換法則」是在完全理解這種概念之後發展出來的東西，可從中窺見作者見識之深且敏銳。

除此之外還有燒瓶中的小人、衍生出來的人造人、藏有不死祕密的賢者之石等，此漫畫作品中包含了鍊金術中經常出現的各種主題。就連兄弟的父親馮·霍恩海姆這個名字也都是來自帕拉塞爾蘇斯（※3）的本名。

（※1）詳細參照P.90。
（※2）詳細參照P.53。
（※3）詳細參照P.53。

等價交換的基礎

質量守恆定理

在錬金術執行前後，物質的總質量絕對不會產生變化的法則。除了《鋼之錬金術師》的作品世界以外，這個法則也適用於我們現實世界的自然科學。

大自然法則

變化前後的物質必須為同性質，這是大自然法則，也就是大自然原理。

西洋魔法與錬金術由來的赫密士主義

大宇宙

意指存在行星和銀河系的宇宙本身。宇宙是由唯一神流出的靈生成的，星星的運動等宇宙變化會影響人類的命運。

對應關係

小宇宙

指我們人類本身。和大宇宙有著對應關係的人可以經由修行等方式讓心靈與身體成為完全體，宇宙整體也會接近完美。

鍊金術師們熱中打造的賢者之石

據說是能夠實現不老長壽、鍊成黃金等，能夠幫助人類想要的各種事物的萬能物質。有許多鍊金術師都為了追求賢者之石而埋頭研究。

實現各種可能的萬能物質

在《鋼之鍊金術師》（※1）中登場的關鍵物品「賢者之石」。拉丁文是lapis philosophorum，又被稱為「哲學者之石」或「鍊金術師之石」。這是一種幻想中的物質，可以鍊出黃金、製作使人不老不死的萬能藥物、強化靈性、干涉現實世界中各種事情。相對於它的命名，它的形態可能是固體、液體、氣體、沒有實體等各種情況。這個概念是在12世紀後的歐洲才確立的，但起點仍是可被稱為鍊金術故鄉的古埃及。在底比斯發現的萊頓莎草紙和斯德哥爾摩莎草紙上都記載了要把鉛、錫等各種卑金屬精鍊成金、銀或替代品等貴金屬的奮鬥紀錄，可見化學和冶煉已經萌芽。

到了中世紀阿拉伯，出現了一種思想認為將水銀與硫磺結合以後，就可以變成能夠治療各種疾病和鍊成黃金所需要的萬能藥物elixir。由於這個物質能夠當作藥物服用，因此應該是粉末或者液體。

之後歐洲融合這樣的概念又稍微變化以後，就出現了「賢者之石」這個能夠幫助鍊金術師達成終極目標的不可或缺之物，因此大家為了打造出這個東西而灌注了心血。

16世紀時帕拉塞爾蘇斯（※2）構思了肝臟強化劑Alkahest。到了17世紀初期的鍊金術師揚·巴普蒂斯塔·范·海爾蒙特認為這就是「賢者之石」，表示這是能夠融化所有物質，使其還原為第一質料（※3）的萬物融化劑。但是無法解決要先打造不出不會融化的容器這個問題，隨著化學的發展，這個物質本身也消失在歷史洪流當中。

（※1）詳細參照P.52。
（※2）詳細參照P.142。
（※3）被認為是宇宙所有物質的根源，不存在任何形態或性質的基本物質。

具備變化力量的物質

鉛等卑金屬（古代）
用來精煉金或銀

elixir（中世紀阿拉伯）
以硫磺與水銀為主的萬能藥物

賢者之石（中世紀歐洲）
由elixir思想誕生的物質，和elixir一樣，
是以硫磺和水銀為主的萬能石

Alkahest（近世歐洲）
可以融化所有物質、還原為第一質料的
萬物融化劑

關於賢者之石的機能與概要

別名「哲學者之石」或
「鍊金術師之石」

治療各種疾病與傷害的
「萬能藥」

歐洲的鍊金術師目標就
是鍊成賢者之石

提升人類內在力量的
「強化靈性」

可以讓人不老而長壽的
「不老長壽妙藥」

操作天氣等，干涉萬物
的「巨大力量」

能用卑金屬製造黃金的
「黃金鍊成」觸媒

艾爾伯圖斯・麥格努斯（1200前後～
1280）和尼古拉・弗拉梅爾（1330～
1418）這兩位鍊金術師手上有賢者之石？

形態五花八門

8世紀末阿拉伯的賈比爾・伊本・哈揚認為elixir的形態是像石頭一樣的固體。這個想法傳入歐洲以後，就確立了「賢者之石」的概念。另一方面，也有鍊金術師主張它不是石頭（固體），而是液體、氣體或沒有實體。

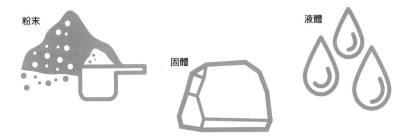

粉末 固體 液體

何謂人造人、何謂魔像？

人造人是以帕拉塞爾蘇斯的鍊金術鍊成的人工生命體。而魔像則是出自於猶太密教、用泥土打造出的人造人。

以特殊方法誕生的人造人

人造人（Homunculus）和魔像（Golem）基本上都是人類給予其人工生命的存在，不過外貌和製作方式大不相同。

人造人是帕拉塞爾蘇斯創造出來的人工生命體。在其著作《人造人之書》之中記載的方法是將男性的精液放在蒸餾器中並且密封，以騾子糞便的腐敗熱氣保溫40天以後，就會出現一個有著人類形狀的透明生命體。之後每天餵人類的血，連續40週維持在與馬體內相同的溫度，就會變成具有四肢的小小人類。它雖然剛出生卻擁有非常多的知識，繼續養在蒸餾器內，它就會教導術者想要的各種知識。順帶一提，阿萊斯特·克勞利在他的著作《月童》（※1）當中主張人造人是將靈放入嬰兒體內打造出來的「人工精靈」，否定帕拉塞爾蘇斯的論點。

另一方面，魔像則是猶太教的人造人，是根據神明創造人類始祖亞當的方式製造出來的。雖然被認為製造過魔像的人有很多，不過當中最有名的是羅·本·比撒列（※2）。他是在隔離區（※3）中保護猶太人、讓他們不受針對猶太人的恐怖集團和私刑集團迫害的人物，也是因為他的行動才使魔像的存在廣為全世界所知。

魔像的製作方式乍看之下很簡單，只需要把泥土和水混在一起做成泥土人偶，然後把寫著神之名的神聖四文字放進人偶的嘴巴裡，或者是夾在耳朵上就能使其獲得生命。魔像會忠實遵守主人的命令、變化自己的樣貌，也能夠像風一樣飄盪在空中，因此相當受重用。

（※1）描寫年輕魔法師西里爾·葛雷與黑魔法結社黑色山莊之間爭鬥的小說。
（※2）詳細參照P.149。
（※3）設置於歐洲各都市的猶太人強制居住區域。

人造人的特徵與誕生步驟

與一般人類大不相同

依照右邊步驟誕生的人造人雖然有四肢卻非常小,特徵是擁有這個世界上所有知識。另外在德國文豪約翰·沃夫岡·馮·歌德的長篇戲曲《浮士德》當中提到人造人只能在蒸餾器裡面存活。

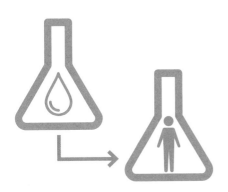

■誕生步驟

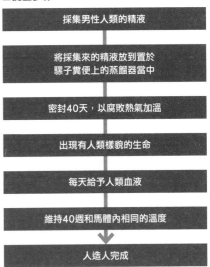

採集男性人類的精液

將採集來的精液放到置於騾子糞便上的蒸餾器當中

密封40天,以腐敗熱氣加溫

出現有人類樣貌的生命

每天給予人類血液

維持40週和馬體內相同的溫度

人造人完成

魔像的特徵與誕生步驟

雖然非常強大卻也不太穩定

魔像有著超越人類的怪力、又能變化自己的樣貌、甚至可以像風一樣在空中飄盪。取出製造時放入的紙片,或者將額頭上的文字消掉,使「emet(真實)」變成「met(死亡)」,魔像就會回歸塵土。魔像相當遵守術者的命令,因此很好管理,對於拉比(猶太人的智者與指導者)來說是非常令人安心的夥伴。

■誕生步驟

以泥土和水打造出泥土人偶

將寫有神之名的神聖四文字之紙片放入魔像的嘴裡,或者是夾在耳朵上。或者是在泥土人偶的額頭寫上代表著真實的希伯來文「emet」

泥土人偶有了生命,成為人造人魔像

刻在額頭上的話要寫emet(希伯來文)

用紙張的話是寫神聖四文字(用英文表示是:YHVH)

萬聖夜是什麼日子？

萬聖夜是古代凱爾特人的宗教「德魯伊教」的祭典。目的是在扮裝之後嚇跑那些會附身在人類或動物身上的靈體。

起源是德魯伊教的夏末祭

提到萬聖夜，就是指基督教的「萬聖節」（※1）或稱為「諸聖節」的前一晚10月31日舉行的活動。打扮成怪物或者魔女的孩子們會拜訪附近的家家戶戶，詢問「Trick or Treat（搗蛋或招待？）」然後收下點心、開心享受扮裝。最近這樣的活動在日本也相當流行，各地都會舉辦萬聖節前夜祭活動。雖然我們頗為熟悉這樣的活動，但其實起源是西元前5世紀前後居住在愛爾蘭的古代凱爾特人信仰的德魯伊教（※2）的祭典「夏末祭」（※3）。

夏末祭是凱爾特曆中於夏季結束的10月31日舉辦的前夜祭，慶祝冬季將要開始的11月1日，除了祝賀夏季收成以外，同時也是要趕走惡靈。對於凱爾特人來說，夏季和冬季的交接時刻，現世與彼世的交界也會變模糊，是死者的靈魂回到家族身邊的日子。但是惡靈也會混在死者靈魂之間跑到現世來，因此人們會換上惡靈的面具和衣服，除了表示歡迎死者靈魂以外，也是要趕走惡靈。後來基督教傳到了愛爾蘭，就成了萬聖節的前夜祭，也就連結到現在的萬聖夜。

順帶一提，萬聖夜不可或缺的南瓜提燈「傑克燈籠（Jack-o'-lantern）」原先用的是蕪菁。1840年前後從愛爾蘭移居到美國的人在製作提燈的時候，就改用當地比較容易取得的南瓜來代替，於是逐漸演變成現在的風格。

（※1）崇敬所有聖人的基督教節日。
（※2）詳細參照P.100。
（※3）原文的稱呼方法五花八門。

世界各國的萬聖夜

愛爾蘭

許多孩子開心享受「Trick or Treat？」。鄉下也有些家庭會燃燒營火慶祝。

美國

會舉辦全美國最大的萬聖夜祭典「West Hollywood Halloween Carnival」等活動，大人和小孩都會開心扮裝。

義大利

在親人的墳前供花。和日本的盂蘭盆節很像。

德國

在故人靈魂會來訪的10月31日晚上，為了避免傷到故人靈魂或者其他人，會把家裡的刀具收起來。

菲律賓

11月1日晚上為了讓靈魂們能夠前往天國，會一邊祈禱一邊唱歌繞行屋子。

墨西哥

為了慶祝「死者之日」（11月1日～11月2日），會擺出故人喜歡的食物和照片，迎接回來的靈魂。

傑克燈籠原本是蕪菁？

說起來傑克燈籠到底是什麼？

傑克是個欺騙惡魔、讓對方說出「不會取你靈魂」的男人，他在死後無法進入天國也沒有下地獄，只能提著提燈在人世間徘迴。從這個傳說催生了傑克燈籠。之後人們就把體積大又好加工且不會燃燒的蕪菁刻成提燈來緬懷這個鬼。

變成南瓜的理由

在美國種植了相當多的南瓜，尺寸夠大、看起來比較漂亮，就被拿來代用了。而且南瓜的原產地就是美洲，在大航海時代前的歐洲根本沒有這個植物。

真的有月亮魔力嗎？

美國的醫學博士發表的「體內潮汐理論」，內容是說月亮的能量會對人類的身體造成影響，尤其是新月或滿月時特別顯著。

月亮對人類造成極大影響的理論

月亮是個充滿神祕的存在，自古以來就被人們認為有特別的力量。當中最有名的就是人類會變身為狼的傳說。在不同國家或地區的樣貌都不太一樣，也有werewolf、lycanthrope、loup-garou等五花八門的稱呼。據說他們看到滿月就會變身，無法以自己的意志控制。除此之外也有些是全身長滿硬毛、只有頭部變成狼的半人半狼姿態。另外，他們無法承受銀彈（※1）的攻擊，最有名的特徵之一是被狼人咬到的人類也會變成狼人。這些特色大多是在近代電影當中出現的，但其實狼人原本的誕生原因眾說紛紜（※2）。話雖如此，在西元65年佩特羅尼烏斯的著作《好色男》第61～62節當中就已經出現了相關記述。

美國醫學博士亞諾·利柏對於整合了醫學、物理學、生物學、精神醫學、氣象學、天文學、生物磁力學的天體生物學（Astrobiology）有相當深的造詣，在他的著作《月之魔力》當中提到月亮引力除了帶來潮汐以外，也會對人類體內的水分造成影響，帶動我們的一言一行和精神。他將這個理論稱為「體內潮汐（biological tides）」，表示月相在新月和滿月的時候是體內潮汐的高峰，甚至能夠影響行動、是月亮影響最強烈的時間。雖然也有研究者否定這個理論，認為這屬於神祕學，但實際上也有資料顯示新月和滿月的時候殺人事件及交通意外的發生率會增加、股價也會有所變動，因此無法完全否認這個理論。或許我們在觀賞滿月的時候內心會有所波動，也是因為這個緣故吧。

（※1）詳細參照P.180。
（※2）「種族說」認為他們是本來就能變身成狼的種族；「魔法說」認為他們使用魔女的軟膏進行變身；「疾病說」認定他們是因為疾病或詛咒而變身的；另外還有「刑罰說」，認為其實只是把那些被社會流放的人稱為「狼」。詳細參照P.170。

承受月亮引力的「人類」與「地表」共通之處

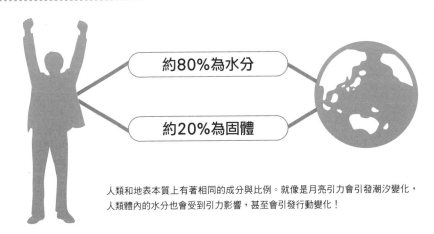

約80%為水分

約20%為固體

人類和地表本質上有著相同的成分與比例。就像是月亮引力會引發潮汐變化，人類體內的水分也會受到引力影響，甚至會引發行動變化！

滿月與新月造成的影響

出生率上升

交通意外增加

殺人事件
或竊盜等
犯罪發生率上升

股價變動

情緒化

會造成
各式各樣的影響

月相為新月和滿月的時候人類的身體會受到月亮相當大的影響。除了殺人事件和交通意外增加以外，也有統計指出會影響出生率和股價。

巨石陣原本是儀式上使用的？

英格蘭南部的埃姆斯伯里平原上有一處巨大石頭建造物「巨石陣」。以下介紹其特徵和眾說紛紜的用途。

充滿謎團的巨大石頭建造物

這是歐洲史前時代最具代表性的遺跡，位於英格蘭南部的埃姆斯伯里平原。附近相關的遺跡包含新石器時代打造出的3個有石陣在內的深溝及矮牆「埃夫伯里遺跡」也一起被登記在UNESCO的世界遺產（※1）當中。當中比較狹義的巨石陣，指的是直徑30公尺的環狀巨石建造物以及包圍這個石陣、直徑100公尺的環狀溝和矮牆。最近因為被認定是能夠感受到古代氣息的能量景點而成為相當受歡迎的觀光地區。

巨石陣本身是從西元前3000年左右開始建造的，花費相當長一段時間、經歷5個階段建造完成。當時的人們使用橇、船、筏等各種方式將巨大的石頭搬運到埃姆斯伯里平原上，然後利用傾斜的道路、繩索和槓桿原理等將石頭垂直立起。另外也有一說認為是大自然的冰河將石頭搬運到此處。

巨石陣是花費現代無法想像的勞動力與時間建造完成的歷史性遺跡。建造目的眾說紛紜，可能是墓地、齋戒處、天體觀測、太陽崇拜用途等等，很遺憾地是目前並無定論，最有可能的是用途本身會隨時代變化。順帶一提，埃夫伯里遺跡整體的建造目的也是不明，不過大多數研究者認為應該是使用於儀式或祭典，因此這些遺跡也相當有可能活用在魔法儀式上。

（※1）此指依照《保護世界文化和自然遺產公約》登記為世界遺產。日本的姬路城、屋久島和嚴島神社等都在名單之中。

巨石陣的發展

第1階段（西元前3000年以前）

挖出環狀溝以及沿著內部建造的矮牆。東北方向有個大的出入口、南邊有個小的出入口。矮牆內側有看起來是木柱子痕跡的洞穴（Aubrey Hall）。

第2階段（西元前3000年前後）

開始打造中央區域和出入口，留下許多像是木造建築物痕跡的孔洞。中央處原先可能有環狀建築物。

第3階段（西元前2600年前後）

中央有小石頭「藍砂岩」打造出的雙層同心圓。另外在矮牆內側有方形的定位石。

第4階段（西元前2400年前後）

使用sarsen stone（砂岩的一種）蓋出環狀排列的巨大建築，完成了現代巨石建造物的雛形。東北方向的出入口製作了用來標示界線的「大道」，大約排列了6公尺的立石。

第5階段（西元前2000年前後）

中央的巨石建造物內側再次擺放藍砂岩，外側則挖出現在被稱為X洞和Y洞、排列為雙層同心圓的孔洞。後來巨石陣就這樣被拋下，直至今日。

**5個階段是
20世紀末的推測**

上述階段是在20世紀末時的推測之一，隨著調查進展，建設階段的理論也會產生變化。

巨石陣的用途為何

埋葬死者

建設初期就埋葬有火葬的人骨。

豐收的儀式

挖掘的時候發現了男性徵形狀的粉筆和石杖等飾物，都讓人聯想到可能是祈求豐收。

**天體觀測、
太陽崇拜**

巨石陣的主軸符合夏至太陽的日昇方向，相反方向正是冬至的日落方向。

調查越多謎團越多

由於發現了包含魔法儀式在內的各種痕跡，因此很難加以定論。由於發現多樣性的痕跡，因此巨石陣的用途隨時代變化的可能性也很大。

「著魔」的「魔」是指什麼？

就像是有惡魔進到心裡，內心浮現邪惡的思考或者引發錯誤行動，就是人們所謂的「著魔」。

並非魔法，而是惡魔的「魔」

就好像是要推卸責任一樣，在日常生活中會聽到類似「一時著了魔才會偷東西……」之類的說法，這裡用上了「著魔」這個詞彙。雖然也可以解釋為「受到魔力之類的力量蠱惑」，但其實這是用來表示「被進入心中的惡魔唆使」的意思，並非魔法的「魔」而是惡魔的「魔」。在不同的經典當中，佛陀曾拒絕魔羅、耶穌曾拒絕撒旦「給你眼所見範圍之物」的誘惑。換言之，即使有惡魔進入內心卻還是能排除的就是聖人。

日本通常是把「惡魔」當成一種「會引發壞事的邪惡存在」，屬於模糊的概念，不過惡魔其實在各種宗教當中就是擔綱壞人跟惡靈等角色，包含了各式各樣的存在，因此每個人對於其形象有著不同概念也並不奇怪。

惡魔的姿態及樣貌在不同信仰、宗教與文化當中皆大不相同，不過所有惡魔都是人類為了抹除對於饑荒、抗爭、災害、憤怒等不安而由宗教產生的惡者。

另外，希臘文的「Ma（否定）」和「Agathos（良好）」結合而成的詞彙「Maagathos」讀音正好與日文的著魔（魔が差す，magasasu）同音，因此民間也傳說這種「善人也會做出否定性的行動（惡行）」概念正是「著魔」的由來。順帶一提，日文也從著魔一詞衍生出同音的「間がさす」（※1），用來表示「感受到心中有如空了一個大洞般的虛無」。

（※1）由「魔が差す」衍生出來的造字，被使用在靈性領域。

對於惡魔認知的代表性看法

魔法書、神祕學
和宗教上的意義不同，這裡指的是由人類召喚並且使喚的存在。可以為術師帶來某些利益。

神話、民間傳說
人類信仰的神明之敵人，只要是對於人類來說不太好的存在通常就會當成惡魔。

佛教、印度教
佛教的惡魔是煩惱的象徵。印度教的惡魔則是捨棄了自己的信仰而被當成惡魔的神明。

一神教、瑣羅亞斯德教
基督教或瑣羅亞斯德教等都是把與唯一神敵對的絕對惡當成惡魔。

有辦法轉生到異世界嗎？

若是某個世界的所在次元與我們居住的世界不同，就稱為「異世界」。在都市傳說當中有幾種可以前往異世界的方法。

有好幾種方法

所謂「異世界」指的是和我們所屬的世界完全不同次元的世界，通常無法自由往來（※1）。在創作作品當中多半是一個雖然與我們的世界有些相似的地方，但可能到處都有魔法、或者科學技術更加進步、又或者是有飛馬這類幻想生物棲息的地方。

自從1912年美國作家埃德加·賴斯·巴勒斯創作了《火星公主》開啟這個概念以後，近年來以異世界為題材的作品也越來越多。主流是現代人因為某種原因失去性命後，「轉生」成為異世界的居民；又或是因為通過偶然或刻意產生的異世界大門才進入的情節。

創作作品中的異世界通常會描寫出與現實不同的世界觀，充滿了各種夢想，不過在神話傳說當中大多是冥界、地獄、黃泉之國等，運氣好的話也有天界、極樂世界或樂園之類的地方，這些都是生者無法永居的場域。

異世界的不明之處很多，不過日本的都市傳說有提到好幾種轉移到異世界的方法。下一頁介紹的是特別有名的「Tattva之法」、「電梯」、「厭倦」、「對鏡」和「電車」幾種方法。但本書介紹的都是都市傳說，並不保證絕對能夠前往異世界。另外如果成功了，也不清楚到底要如何回到原來的世界，因此若要執行還請做好覺悟。

（※1）在不同世界觀中也有能夠自由往來的情況。

前往異世界的方法

Tattva之法

此方法是凝視古印度冥想使用的圖像。Tattva就是梵文中「真理」的意思。

1. 凝視指定圖像1～數分鐘
2. 將眼睛轉移到白色螢幕上
3. 眼前會浮現剛才看的圖像的殘影
4. 在腦中想像該殘影慢慢擴張的樣子，把殘影拉大到自己可以通過的尺寸
5. 將拉大後的影像視為一道門，並且想像自己進入其中
6. 移動到異世界

電梯

使用超過10層樓的建築物電梯。如果移動電梯的順序錯誤就失敗了，必須重頭來過。

1. 前往超過10層樓的建築物電梯
2. 一個人搭電梯
3. 讓電梯依照4樓、2樓、6樓、10樓、5樓的順序移動，如果中途有人進電梯就失敗了
4. 如果都沒有人進電梯，到5樓的時候就會有個年輕女性進來
5. 按下1樓的按鈕，不知為何電梯會前往10樓
6. 電梯門打開就是異世界

厭倦

使用畫有六芒星的紙張。成功的話紙張會消失。紙張會消失是因為自己已經和其他世界的自己或者和其他人調換過來了。

1. 在寬5公分的方形紙上畫個大大的六芒星
2. 在六芒星的中央用紅色寫上「厭倦」
3. 寫好之後將紙張握在手裡，或者放在枕頭底下睡覺
4. 第二天紙張不見的話，表示已經成功移動到異世界

對鏡

使用兩面鏡子。必須在特定的時間（有多種說法，包含凌晨2點、凌晨2點22分、凌晨4點44分等）執行否則無效。

1. 拿著手鏡前往浴室
2. 在特定的時間將手鏡朝向浴室裡的鏡子，然後透過浴室的鏡子看向手鏡
3. 手鏡裡會出現某人，和對方對上眼
4. 被吸入鏡子裡，移動到異世界

電車

使用東京都內的日比谷線和東西線。難處在於步驟比電梯還要麻煩。順帶一提，日本流傳著曾有人抵達神祕無人車站「如月站」的都市傳說。這個傳說的原型來自靜岡縣濱松市的遠州鐵道。

1. 準備10粒米，前往秋葉原站
2. 搭乘日比谷線，在茅場町站下車之後往八丁堀方向移動（譯註：沒有出站）
3. 推散欄杆裡面的鹽堆（譯註：沒有明說但應該是直接在茅場町轉乘東西線）
4. 在東西線的高田馬場站換車，往西武新宿線轉乘方向移動（譯註：沒有出站）
5. 推散欄杆裡面的鹽堆
6. 在東西線的茅場町站下車，走出閘口
7. 在「4a出口」的樓梯下方放下10粒米
8. 從日比谷線的茅場町站上車，在築地站下車之後往築地本願寺方向移動（譯註：沒有出站）
9. 推散欄杆裡面的鹽堆，回去搭日比谷線
10. 移動到異世界
※譯註：此電車法在日本都市傳說中是開啟「鬼門」的方法。不過曾有人實際查證，在各車站都沒有找到鹽堆。鹽堆在日本陰陽道文化中是用來避邪的工具。

日本相當熟悉的「魔法少女」起源為何？

以少女魔法師作為題材的類型作品，在現代日本相當受歡迎。以下就來探討一下起源。

1960年代相當流行魔法少女

從前提到「魔女」就會想到格林童話〈糖果屋〉裡面那種詭異的老婆婆魔法師。但現代日本卻不知從何時開始將「魔女」代換為「魔法少女」了，在動畫領域中確立了不可動搖的地位。元祖是赤塚不二夫的《甜蜜小天使》，至於引爆這股熱潮的則是1960～1970年代播出的橫山光輝作品《魔法使莎莉》。這是因為受到美國廣受歡迎的連續劇《神仙家庭》（※1）影響而製作的作品，用魔法變身的女主角和緊湊搞笑的橋段相當受到小孩喜愛，因此變得大受歡迎。之後以魔法少女作為主角的「魔女少女」系列一直都人氣鼎盛，完全成為兒童動畫的固定班底。進入80年代以後，社會上出現空前的偶像風潮，因此魔法少女也加入了偶像和藝能界的要素，像是《魔法公主明琪桃子》、《魔法小天使》等，甚至還拍了真人版作品《魔法少女中華派派》。到了90年代又出現了嶄新的女主角樣貌，例如強悍又可愛的魔法少女《美少女戰士》以及《庫洛魔法使》等。此等受歡迎的程度幾乎形成了社會現象。

近年來魔法少女也越來越多樣化，甚至有大受歡迎的「光之美少女」系列和《魔法少女小圓》都是受到引發全世界討論的作品。自懷舊昭和動畫承襲而來的「魔法少女」領域，現在已經被認定是能夠代表日本的動畫文化之一了。

（※1）描繪魔女莎珊曼與其丈夫達林日常生活的美國電視連續劇。是將大部分角色捲入的歡樂喜劇，相當受歡迎。

創作作品中出現的魔法少女們

作品名稱	初出年分	名稱	概要
甜蜜小天使 （漫畫）	1962年	加賀美厚子	小學五年級的少女，在打破寶物鏡子之後，有個神祕的大叔從鏡之國來訪。然後拿到了只要唱頌「tekumakumayakon」就能變身的鏡子。
魔法使莎莉 （動畫）	1966年	夢野莎莉	魔法王國的公主。在人類世界是小學五年級的少女。到人類世界玩耍的時候遇到了少女良子和小董，和她們相當要好，因此隱瞞自己是魔法少女的身分，居住在人類世界。
魔法人魚真子 （動畫）	1970年	浦島真子	深海之國的人魚公主。在幫助一見鍾情的青年時，被詛咒而無法恢復為人魚，只好以人類的身分活下去。只要向魔法項鍊「人魚之命」祈禱便能夠使用魔法。
小仙女 （動畫）	1974年	神崎惠	身為魔界下任女王候補的少女。為了要養成女王所需要的資質，因而對岳小儂一起被送到人類世界，住在前輩魔女家中修行。身上戴的愛心型項鍊能夠強化魔力。
魔法公主明琪桃子 （動畫）	1982年	明琪桃子	魔法之國菲拉那瑟的公主。為了讓菲拉那瑟恢復繁榮，明琪桃子必須在成人前使用魔法實現人類的願望。
魔法少女中華派派 （特攝連續劇）	1989年	派派	為了尋找行蹤不明的情人而從中華魔界來到人類世界的魔法少女。居住在高山家並且四處奔走尋找情人。另外還有續集「魔法少女中華伊帕內瑪」。
咕嚕咕嚕魔法陣 （漫畫）	1992年	歌莉	米古米古族後裔，這個世界上唯一能夠使用咕嚕咕嚕魔法的少女。和勇者仁傑為了打倒想要征服世界的魔王紀力而踏上旅途。
美少女戰士 （漫畫）	1992年	月野兔	在東京都上國中的少女。遇到會說人話的神祕黑貓露娜，表示她被選為水手戰士月亮。之後又遇到跟自己一樣受到行星庇護的水手服戰士們，一起為了保護人們而與奪走人類能源的妖魔作戰。
庫洛魔法使 （漫畫）	1996年	木之本櫻	在私立小學上四年級的少女。有一天不小心將父親書房裡會為世界帶來災厄的「庫洛牌」解除了封印。在封印卡片的靈獸可魯貝洛斯（通稱可魯）的引導下成為「庫洛牌魔法使」，開始收集被解放的卡片。
神風怪盜貞德 （漫畫）	1998年	日下部麻呂	普通的高中女學生。但真實身分是聞名大街小巷的怪盜貞德。她是聖女貞德的轉世，回收那些附身在美術品上的惡魔，肩負取回喪失的神之力的使命。
小魔女DoReMi （動畫）	1999年	春風DoReMi	憧憬魔法的小學三年級女生。看出魔法堂女主人瑪德莉卡（魔女）的真實身分，結果害她變成了青蛙。為了幫她恢復原來的樣子於是成為魔女實習生。
光之美少女 （動畫）	2004年	美墨渚／ 雪城穗乃香	在菲諾奈學院女子中學部就讀的少女們。遇到神祕生物美波和米波，因此得到可以變身成光之美少女的能力。兩個人為了保護地球不受邪惡的闇之領域惡魔傷害，變成身為黑天使（美墨渚）和白天使（雪城穗乃香）展開戰鬥。
魔法少女奈葉 （動畫）	2004年	高町奈葉	私立聖祥大學附屬小學三年級的少女。意外遇到異世界的少年而獲得魔法力量。為了回收四散在全世界的異世界遺產「聖石之種」而化身為魔法少女奔走。
魔法少女小圓 （動畫）	2011年	鹿目圓	見瀧原中學的國中二年級女生。遇到神祕生物丘比以及以魔法少女的身分戰鬥的巴麻美，因而對魔法少女懷抱強烈的憧憬。但是由於巴麻美之死而對於魔法感到畏懼，也不知該如何看待其他魔法少女的存在，因此抗拒成為魔法少女，但是為了保護人們不受最強魔女「魔女之夜」的傷害而決心成為魔法少女。

國外遊戲和電影中的魔女總穿得有些清涼的理由

近年來魔女穿得很清涼似乎變得有些理所當然。這個契機據說是源自於DC漫畫裡面的角色「魅惑女巫」。

點燃這股風潮的是DC漫畫的魅惑女巫？

提到魔女，應該有很多人會想到童話裡出現的那種醜陋卻聰明的老婆婆。但最近會先想到容貌美艷、身型豐盈的妖艷性感美女的人也逐漸在增加。而這類外貌為美女的魔女，通常也都穿著非常清涼而性感的服裝。像是開衩開得非常高的旗袍、特別強調乳溝的服裝等，大多都是能夠魅惑男性、在設計方面相當多樣化的服裝。

這類魔女出現的起源眾說紛紜，其中一個說法是教會之間魔女形象的轉變。在狩獵女巫的時代，教會根據惡魔莉莉絲（※1）還有羅馬神話中的維納斯（※2）的形象將魔女的概念轉化為美女，建立她們「是誘惑男人的下流邪惡之人」這種形象。之後出現了許多描繪性感魔女的圖畫，可能就是由此而來。

第二個原因是電視劇的影響。據說在1960年代以魔女為題材的《太空仙女戀》（※3）還有《神仙家庭》播出後，大家心中的魔女概念就變成「年輕有魅力」。

第三個原因則是美國DC漫畫中的超級大反派「魅惑女巫」。她在1966年躍上漫畫，是一個被邪惡古代魔女附身的女博士，以美麗魔女的身分施法讓人類成為自己的俘虜。她身穿凸顯胸部的綠色魔女服裝、容貌妖豔，有不少死心踏地的粉絲。

雖然起源諸多，不過大家最能夠輕易接觸的媒體應該就是漫畫，所以我認為魅惑女巫應該就是讓性感魔女形象普及化的起源。

（※1）人類始祖亞當最初的妻子，由於和丈夫吵架而離開了伊甸園。由於不肯聆聽來勸架的天使之言，最後成為惡魔。
（※2）羅馬神話中的愛與美女神。
（※3）作品描述一名身穿性感阿拉伯風格服飾的魔女基妮所度過的日常生活。

出現在創作作品中的性感魔女們

作品名稱	角色名稱	概要
復仇者聯盟系列（美國漫畫／電影）	緋紅女巫（汪達·馬克希莫夫）	因為源自納粹系統的祕密組織九頭蛇的人體實驗，進而得到念力和心理控制能力的紅衣女巫。雖然衣服並不會很性感，但是相當有型。
魔女之刃（美國漫畫）	莎拉·貝琪妮	魔女之刃是只有優秀並且適合的魔女才能夠配戴／共生的手套工具。套上以後就會變形成為覆蓋在宿主身上的活體盔甲，也會變形成武器或者發揮治療力量。每次穿脫都會出現變成半裸、洋溢色氣的場面。
哥布林殺手（動畫）	魔女	其中一名角色長槍手（冒險者）的團隊成員，販賣蘊含魔力的卷軸。穿著強調乳溝的長袍。
勇者鬥惡龍10（遊戲）	魔女格雷翠爾	對梅爾桑第村救世主、同時也是英雄的桑克洛涅恨之入骨的魔女。紅色魔女服裝的特色是露出乳溝和腹部。
勇者鬥惡龍11（遊戲）	麗茲雷特	妖豔的冰雪魔女。具有相當高的魔力，也能使用詭異的法術。穿著強調身體線條的水藍色連身服。
魔龍寶冠（遊戲）	女巫	玩家可以操縱的角色之一，使用黑魔法。穿著胸口大開、裙子也開了高衩、香豔刺激的魔女服裝。
Final Fantasy 8（遊戲）	阿爾提密西亞	具有超越時空力量的未來魔女。穿著上半身中央部分大開，胸部和腹部大半露出的長洋裝。
魔兵驚天錄（遊戲）	蓓優妮塔	活了幾百年的魔女。穿著以自身黑髮為媒介的黑色套裝。使用依附在黑髮上的魔法時，化成服裝的頭髮會消失而露出大片的肌膚。
魔女與百騎兵（遊戲）	梅塔莉卡	掌管沼澤、自稱「天才魔女」。在敵對關係的森林魔女滅亡後，命令百騎兵讓全世界充滿沼澤。下半身的裸露比較少，但是上半身除了胸部以外都是裸露的。
魔女與百騎兵2（遊戲）	丘露卡	罹患魔女病的少女米露姆以魔女的樣貌覺醒，可以操控強大的力量。穿著只能蓋住胸部的短上衣以及裸露大半大腿的迷你裙。
魔女之旅（動畫）	伊蕾娜	精通各種系統魔法的年輕魔女。隨心所欲在世界各地旅行，好奇心相當旺盛。特徵是穿著非常短的迷你裙和斗篷。

其實男性也能當「魔女」？

提到魔女應該很多人會聯想到老婆婆等女性樣貌，但其實英文的「Witch」也包含了男性魔法師。

其實「魔女」不等於「女性」

聽到魔女這個名詞，應該有很多人會想到滿臉皺紋的老婆婆。但為何一般人對於魔女的樣貌會是這個概念呢？原先應該是因為英文的Hag在日文當中相當於民間故事裡會出現的山佬，也就是象徵嚴寒的精靈。俄羅斯有名的魔女芭芭雅嘎也是妖婆的形象，除此之外，由古代到中世紀為止的判決紀錄當中被判定為魔女的也大部分是老婆婆，這應該是因為到了她們那樣的年紀才足以擔綱醫療及民間療法的智慧寶庫。

但是日文中的「魔女」這個詞彙是由表示魔法師的單字之一「Witch」翻譯而來，而紀錄上的Witch也包含了男性，在14世紀後半歐洲發生的魔女狩獵活動當中，也有男性被當成魔女判刑。換言之，「Witch（魔女）＝女性」這個概念是錯誤的。

Witch的源頭是信仰精靈的薩滿之類的咒術師。他們會祈雨、祈求豐收、調配藥草等，借助自然的力量獲得利益，也就是魔法師的原型。中世紀的魔法師也都繼承了這些技術和能力。當時的白魔法師（※1）實際上是咒醫，相當受到人們重視，除了尋找失物、製造與販賣春藥、診斷運勢以外，也有一些魔女會幫忙尋人。另一方面，似乎也有些使用毒性強烈的毒草來製作毒藥的壞傢伙。這些製藥以及占卜等魔女們使用的魔法，一概稱為「魔女術（Witchcraft）」，不過魔女在過去也和薩滿一樣是透過活用自然力量獲利、滿足慾望來生活的。

（※1）詳細參照P.74。

由於異端問題而被改變的魔女

原先的魔女形象（古代～）

魔女的源頭來自古代就有的自然信仰裡的薩滿等咒術師。他們以咒醫身分使用藥草製作療藥、執行儀式及祈禱為人們帶來平安，據說這也是魔法的原型。

- ●使用魔法的咒術師們
- ●以具有藥理效果的藥草治療傷口和疾病
- ●根據占卜結果應對客人諮詢或紛爭仲裁
- ●祈雨儀式、祈求豐收
- ●中世紀以後身為咒醫的白魔法師相當受人重視

被改變後的魔女形象（14世紀後半～）

中世紀到了末期，由於鼠疫大流行以及小冰河期造成農作物歉收等，引發社會不安，結果大家懷疑起「和惡魔簽訂契約的魔女使用魔法煽動大眾不安」，而引起魔女狩獵。

- ●拋棄對神明的信仰、和惡魔簽訂契約、使用惡魔魔法的可怕異端
- ●乘坐在魔杖或掃把上，或者變身成動物的樣貌參加魔女集會
- ●於集會中將靈魂賣給惡魔，締結能夠使用魔法的契約
- ●和惡魔訂下契約的魔女身體上會有惡魔魔爪的傷痕

關於魔女的飛行及變身

飛行的祕密是軟膏

魔女狩獵時代多了一個魔女會乘坐在掃把上前往魔女聚會（惡魔崇敬者的集會）的嶄新概念。據說魔女會在天上飛翔並不是使用魔法，而是用了特別的軟膏。

掃把或魔杖　　＋　　飛行用軟膏　　→　　可以飛啦！

兔子

鳥

貓

化身為各種動物！

魔女也可以變身為各種動物。為了避免真面目被人發現，會變身成兔子、貓咪或鳥這類大家身邊都能見到的動物。不過變身的時候若是受了傷，變回人類以後同一個地方也會有傷口。

73

電影裡的魔藥學真的存在嗎？

在電影「哈利波特」系列當中，出現了一種能學習如何調配魔法藥的魔藥學課程。實際上魔女們真的會做那些藥嗎!?

雖然沒有魔藥學，但確實有人製作魔法藥

在「哈利波特」系列（※1）當中出現了各式各樣的魔法藥物。像是讓服用者變成完全不同長相的「變身水」還有藥效強烈的自白劑「吐真劑」等，想來應該很多人都有印象。

雖然和這類小說或電影裡面的魔法藥物不太一樣，不過現實中的魔女確實也會使用藥草來製作獨門藥物。魔女狩獵活動前的中世紀，具備藥草知識和經驗的「白魔法師」或者被稱為「賢女」的人都能夠正確使用藥草，他們的工作就像是現代的藥劑師。不過也有一部分的人會做些比較危險的藥物。

首先是春藥，雖然沒有留下配方，不過這種藥是讓服用者陷入愛情的藥物。也有使用顛茄製作的眼藥，這會使瞳孔擴張、眼睛閃閃發光，女性們會為了讓自己有雙美麗的眼睛而點這種藥水。另外還有配方中包含金雀花的墮胎藥物，成分中含有能造成子宮強烈收縮的生物鹼。由於基督教禁止墮胎，因此有許多人會偷偷去拜託魔女。

但是進入魔女狩獵時代以後，包含白魔法師在內的善良魔法師也遭到排除，為了塑造出他們的壞人形象，於是傳出了許多不好的傳言。

最有名的傳聞之一就是「飛行用軟膏」。魔女只要把這種東西塗在身上或者塗在掃把上就能夠在空中飛翔，據說材料當中使用了能讓人產生強烈幻覺的植物。姑且不論真偽，所謂的飛行藥應該就只是「能讓人亢奮的藥物」吧。

（※1）原作為小說，描述少年巫師哈利波特與他的夥伴們大為活躍的故事。

「哈利波特」系列中登場的魔法藥

魔法藥名	概要
一飲活死水	安眠藥。因為藥效非常強烈，如果調配比例弄錯的話可能會沉睡一輩子。
長生不老藥	魔法師「尼樂‧勒梅」使用賢者之石製造的長壽藥。
吐真劑	能逼迫服用者說真話，藥效強烈的自白劑。
縛狼汁	狼人使用的藥物。只要在滿月夜晚的1星期前服用，就算變身後也能維持理性。
福來福喜	能夠使服用者的所有事情順利成功。但若攝取過度就會變得傲慢而有勇無謀。
呼嚕粉	能夠在登記於魔法部下的暖爐之間移動用的粉末。只要喊叫一聲要去的地方就可以移動。但若是弄錯了目的地或喊地點的時候口齒不清就可能會移動到其他地方。
變身水	能讓服用者在1小時內變成指定對象外貌的藥物。能夠變化的只有肉體，衣服或者義手等不會跟著變動。
緩和藥劑	用來安撫不安或慌亂的藥物。

飛行軟膏的配方

■配方A（引用自《世界魔女百科》西梅尼斯‧戴奧‧歐索著）

1：準備毒麥、莨菪、毒參、罌粟（紅色與黑色）、萵苣、馬齒莧各0.0648g
2：將材料「1」混合在一起，和油以4比6的比例混合
3：將材料「1」和「2」調配在一起之後每31.103g搭配底比斯的鴉片1.296g混合後完成

這是3種配方當中最受歡迎的一種，使用許多藥草與油脂製成。毒參含有強烈毒性成分，會阻礙中樞神經運作、麻痺呼吸用的肌肉。而且還加入了麻醉用藥物鴉片，非常危險。

■配方B（來源不明）

1：準備人類的脂肪100g與純度高的大麻樹脂5g
2：單手量一半的大麻花
3：單手量一半的罌粟花
4：一撮毛茛粉末
5：再加上一撮磨碎的向日葵種子便完成

雖然來源不明，但如果使用了1570年才傳進歐洲的向日葵種子的話，這個配方應該是在16世紀後半才誕生的。

■配方C（引用《普羅克斯貝爾克的工作》普雷托流斯著）

1：準備新生兒的肉、罌粟、龍葵、澤漆、毒參
2：將材料「1」煮成粥狀便完成

相當可怕的配方。罌粟的毒效越強，以魔女藥草來說會有比較高的評價。

Demon和Devil有點像又不太一樣

Demon和Devil通常都會被翻譯成「惡魔」這樣的用語，但實際上Demon是精靈或者魔神、而Devil則是惡魔或魔王。

兩者都是由希臘文衍生而來的詞彙

對很多人來說，Demon和Devil這兩者都會讓人聯想到「惡魔」，但實際上兩個詞彙的由來是完全不同的意義。雖然都是由希臘文變化來的，不過Demon原先是daimon，表示「下級神明、英靈，具備善惡兩面性質且為介於神與人之間的存在」。因此日本在表示精靈或者魔神等存在時比較常使用Demon這個詞彙。

而Devil的語源則是diabolos，意思是「糾舉者」、「中傷者」。這個詞彙同時作為希伯來文中的撒旦（Satan）的翻譯被使用。而撒旦原先是給予人類誘惑、若不會屈服者則可成為聖人，也就是給予人類試煉的天使。但因為工作實在太過惹人討厭，結果最後就變成好像魔王的身分。

那麼「惡魔」這個詞彙又是從哪裡來的呢？其實語源是印度信仰中負責測試人類領悟程度和煩惱的神明魔羅（Mara），也是佛教用語。當佛教之祖喬達摩‧悉達多（※1）拋棄自己地位前往修行的時候，給予其試煉的便是魔羅。之後佛教傳到中國時，中國人試著將佛教經典的梵文翻譯成中文，意指魔羅的詞被翻譯成「惡魔」才有了這個詞彙。

之後基督教傳入，在人們的認知中認為Demon和Devil（尤其是撒旦）是與魔羅相當類似的存在，因此將這些詞彙都翻譯成惡魔。這就是為什麼會出現如此多的詞彙來表示惡魔的緣故。

（※1）原先是釋迦族的王子，但由於感受到人生的苦難及無情而拋棄地位前去修行，最後領悟得道。

各式各樣的惡魔

成為惡魔的墮天使

基督教、猶太教和伊斯蘭教都認定單一神明為世界的創造者。教會為了說明神創造出異教神明和惡魔的理由，因此打造出原先身為神明部下的天使有一部分反叛成為墮天使的說法。

■主要惡魔
・路西法（基督教）
・瑪門（基督教）
・謝姆哈薩（猶太教）
・伊布力斯（伊斯蘭教）
・亞斯塔祿（迦南／猶太教）

成為惡魔的諸神

另外也有亞蒙和別西卜這類原先是神明卻成了惡魔的情況。這是因為不被一神教認可的神明都被視為惡魔。

■主要惡魔
・奈爾伽爾（美索不達米亞）
・尼斯洛克（美索不達米亞）
・別西卜（迦南／現今敘利亞）
・阿修羅（印度神話）
・亞蒙（埃及神話）
・阿斯莫德（波斯神話）

民間傳承的惡魔

過去世界各地崇敬寄宿於萬物中的精靈，也就是泛靈思想。因此就會產生帕祖祖這類民間傳承的惡魔。

■主要惡魔
・帕祖祖（美索不達米亞）
・薩馮（迦南／現在敘利亞）
・芭芭雅嘎（斯拉夫民間傳說）
・午時魔女（俄羅斯）
・菲尼克斯（埃及／希臘）

魔法書中的惡魔

13世紀開始有人撰寫魔法書。在魔女狩獵活動開始減少的17世紀以後出現的是神祕學領域的魔法書，當中提到很多獨特的惡魔。

■主要惡魔
・但他林（所羅門的小鑰匙）
・馬可西亞斯（所羅門的小鑰匙）
・安托士（所羅門的小鑰匙）

文學作品中的惡魔

15世紀後半德國有了活版印刷。由於書籍可以大量生產，書中有惡魔角色的文學作品也能廣為流傳，對於世人心中的惡魔概念有很大的影響。

■主要惡魔
・亞巴頓（《天路歷程》）
・梅菲斯特（《浮士德》）
・金恩（《天方夜譚》）

何謂魔法書《所羅門的小鑰匙》

此文獻中記載了「72魔神」以及召喚、差遣它們的方法。也介紹了許多中東及歐洲的著名魔神。

記載著「72魔神」的知名魔法書

在17世紀寫成的英文文獻《所羅門的小鑰匙》和其他大多數魔法書相同，是根據14～15世紀左右寫成的《所羅門王的大鑰匙》作為基礎寫下的應用／實用書籍。

《所羅門的小鑰匙》由5章構成，是相當稀有的英文魔法書，第一章〈法術〉（Goetia）是最受歡迎的。主要內容是所羅門王（※1）差遣的72位魔神（※2）的目錄，同時寫明它們的外貌、性格、能力、是否能給予使魔等資料，大家都非常有個性。

有一部分的魔神甚至記載了原先天使身分的階級、墮天的前因後果以及個人私事。尤其是「35號馬可西亞斯」和「37號菲尼克斯」（以及其他文獻還提到「58號亞米」）甚至還提到它們「1200年後會回到天界」。另外「44號沙克斯」好像也會在那時歸還自己偷的東西。「41號佛卡洛」也被指出「1000年後會被饒恕」，比其他魔神早了大概200年（但是在所羅門時代就已經超過那時間兩倍之多）。

大多數魔神的記述當中都沒有什麼惡劣要素，反而有不少是能夠幫助他人的善者。不過當然也有喜愛破壞與殺戮（或者負責這些工作）的魔神，或是以說謊和不服從聞名的類型。這種情況下就必須使用三角陣束縛魔神、逼迫它們服從。

魔神的能力區分為較為特殊的以及共通性質的能力。當中比較普遍的就是看透現在、過去、未來的失物或者隱瞞之事，以及傳授技術與學問、培育愛或友情等人心操控等。感覺實在很可靠。

（※1）詳細參照P.135。
（※2）詳細參照P.163。

《所羅門王的大鑰匙》造成的影響

《所羅門王的大鑰匙》（14～15世紀前後）
解說關於各式各樣靈的基本召喚方法及命令方式、實現願望的方式等。記載了需要的工具、材料、召喚時間等，甚至還有護符和咒文，是基礎教科書。

影響了各式各樣的魔法書！

《所羅門的小鑰匙》
（17世紀前後）
總共有5章，詳細請參考下方的說明。

《小阿爾貝爾》
（17世紀前後）
法文的自然魔法與卡巴拉書籍。解說小偷工具「榮光之手」等物品的製作方法。

《真實的魔法書》
（18世紀前後）
影響《大奧義書》的法國黑魔法書籍。可以召喚三大君主以下的惡魔。

解說72魔神的《所羅門的小鑰匙》

第1章　Goetia
在《所羅門的小鑰匙》當中最為有名的章節。標題來自希臘文的「喚起術」，是召喚靈時發出的呻吟、喊叫、感嘆的擬聲詞。裡面列出了所羅門王所差遣的72位魔神。雖然它們常被誤解為惡魔，但幾乎都留下了天使或者異教神明的屬性，甚至有些完全沒有「惡」屬性的存在。詳細參照P.163起的個別解說。

第2章　Theurgia Goetia
Theurgia意指召喚上位存在，因此標題可說是「召喚術與喚起術」。是呼叫善惡兩方共31個存在並加以差遣的方法。

第3章　Paulina
解說如何操控棲息於黃道十二宮360度的天使以及統領日夜時間的天使。

第4章　Almadel
差遣天空4個高度及支配黃道十二宮360度的天使，並且自由操控它們的方法。

第5章　Notoria
統整了祈禱用語。12世紀魔法書《聖導之書》的英文翻譯版。

79

惡魔附身、驅魔是真的存在嗎？

大家很容易認為恐怖電影當中相當為人熟知的「惡魔附身」、「驅魔」、「驅魔師」都是虛構的東西，但其實是真實存在的。

確實有梵諦岡公認的驅魔師

人類如果被惡魔附身就稱為「惡魔附身」，而要將附身在人類身上的惡魔趕走就稱為「驅魔」（※1），執行這個工作的人便稱為「驅魔師」。天主教會系統下的神父，當中受過特別訓練之人才能夠成為驅魔師。

說起來驅魔師還有惡魔附身是真的存在嗎？答案是「確實存在」。這並不是一種彷彿神祕學般虛無飄渺的東西，而是天主教大總部梵諦岡認可的職業，甚至還有「國際驅魔師協會」（※2）這樣的組織。而且更令人驚訝的是惡魔附身的報告數量年年有增長的趨勢，不斷有人委託教會驅魔，有一年義大利的委託就超過了50萬件。因此驅魔師的人數一直相當不足，根本就無法應付如此大量的請託。

第一線的工作非常忙碌當然也是原因，但國際驅魔師協會也經常建議大家在進行驅魔儀式之前，務必先前往醫療機關進行診療。畢竟有很多根本就是性虐待或者精神疾病等心理方面的問題造成的，實際上真的被附身的案例是少之又少。

義大利的驅魔師貝里紐‧帕里斯神父表示，驅魔的報告會增加是因為半信半疑相信又去實踐塔羅牌、運勢占卜等神祕學的人增加。也就是「塔羅牌占卜這類乍看之下無害的活動，給予惡魔趁隙而入的機會」。因此各位讀者也請務必將此風險牢記在心。

（※1）詳細參照P.118。
（※2）天主教會的組織。2014年由羅馬教廷的聖職部給予官方認可。

需要廣泛領域知識的驅魔師

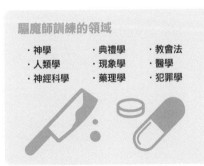

驅魔師訓練的領域

- 神學
- 人類學
- 神經科學
- 典禮學
- 現象學
- 藥理學
- 教會法
- 醫學
- 犯罪學

惡魔附身的比例

【大多數】	【極少數】
精神疾病等 心理疾病	真的 被惡魔附身

為了判斷對方是否真的遭到惡魔附身的訓練

就算大家去看過醫生了,還是有很多人委託驅魔。因此驅魔師需要學習相當多領域的知識,藉此判斷對方是否真的遭到惡魔附身。

81

為何「666」會被説是不好的數字？

被稱呼為獸之數的「666」是記載在《新約聖經》裡面的數字。被指稱是敵基督的名字，現在是不祥數字中最具代表性的一個。

聖經中指稱反基督之名的數字

「666」這個數字用於指稱在《新約聖經》的〈啟示錄〉13章18節中登場的敵基督者數量，據說緣由是將阿拉伯數字置換成「希伯來文字代碼」（※1）的暗號。由於啟示錄的作者約翰將敵基督稱為獸，所以也被稱為「獸之數」。

敵基督從惡魔那裡得到力量來蠱惑人心，是與神敵對的人，出現在大患難時代（※2）。「666」是區分出敵基督的方法，也是神給予的提示。另外這個數字也被認為是迫害基督徒的羅馬皇帝尼祿、以及那些背離聖經教義而墮落的羅馬教皇。

「666」的解釋也是五花八門，現在雖然也被稱為惡魔的數字，但這是由於1976年上映的電影《天魔》（※3）造成的影響。在電影上映後由於作品與聖經相關而受到矚目，666這個數字也成為不祥數字中最具代表性的一個。

但是近年來從埃及的俄克喜林庫斯遺跡中發現了世界上最古老的啟示錄紙片，解讀之後發現獸之數並非「666」而是「616」。而現存的所有資料都不是原本而是抄本，所以很難說究竟何者正確。

順帶一提，偽經中提到的「777」、「888」、「999」也都能使用希伯來文字代碼替換成語言，「777」是十字架；「888」是耶穌基督；「999」則代表神之祕密及神聖神明。

（※1）詳細參照P.102。
（※2）地上發生許多苦難，遵從神明的人類遭受世界性迫害的末日時期。
（※3）片名原文「The Omen」的意思是「凶兆」。是一齣描寫頭上刻畫著「666」的惡魔之子達米安的誕生與其周邊人們之事的恐怖片。

使用希伯來文字代碼轉換的詞彙

數字	意義（範例）	數字	意義（範例）
1	象徵神	243	結論
6	父親	276	暗黑
7	豐富	296	大地
13	撒旦	364	惡靈
17	歡喜	388	太陽
35	極限	430	數字
37	偉大	500	祭壇
42	恐怖	555	欲望
64	真理	600	世界
70	祕密	623	精靈
73	智慧	680	聖子
88	勝利	911	憎惡
111	北斗七星	975	龍
144	獲選者	1000	終結
153	神之子	1224	魚
195	惡魔	1260	命令
203	創造	1440	信徒
216	呼吸	1820	殺人者

其他的數字也有意義

使用希伯來文字代碼的話，除了「666」以外也能夠轉換各式各樣的數字。此處介紹其中一部分。

世界上的忌諱數字

忌諱數字	主要國家	概要
3	越南	與越南話的「慘」發音相似。在其他國家也經常被視作不吉祥的數字。
4	日本及中國等漢字圈	與「死」發音相近，也有很多房間號碼或樓層數字不使用4的案例。在日本，「42（死去）」和「49（死苦／始終苦）」也被視為忌諱。
5	中國	與「無」發音相似。
6	西洋	與聖經中提到的惡魔、獸之數「666」相通。在伊斯蘭世界6更被視為相當不吉祥的數字。
9	日本、韓國	在日本與「苦」相通。韓國則認為這是會聯想到災禍的數字。
13	西洋	西洋最為忌諱的數字。 ●最初的人類靠手腳能夠數出來的數字是12，超過的13就是未知數。 ●由於剛好比人類生活基礎的12個月、12小時、12方位多出1，因此被認定是打亂調和的存在。 ●北歐神話曾提及有一次洛基沒有被招待，卻成為諸神宴會中的第13位客人。而作為第13位客人的洛基，祂的行動在日後引發了諸神黃昏。 如同以上事例，將「13」視為忌諱的原因眾多。
14	中國	發音近似「十死」、「實死」。
17	義大利	將羅馬數字「XVII」換一下排列順序就會變成「VIXI」，在拉丁文中是「結束生存」的意思。
420	美國	意指大麻的黑話。飯店由於420號房經常發生大麻交易和愛好者聚會，因此很多都沒有420號房。
9413	中國	廣東話中與「九死一生」發音相同。

被稱為「魔法都市」的布拉格

現存大量古代街道及歷史建築物的中歐都市布拉格。
這個城鎮擁有「魔法都市」的一面。

神聖羅馬帝國皇帝魯道夫二世影響甚鉅

　　布拉格是位於中歐地區的世界知名大都市。其中被列為世界遺產的「布拉格歷史地區」特別有名，包含了全世界最古老的大城布拉格城、布拉格最古老的橋梁查理大橋、歷經好幾世紀成為市場中心的舊市政府建築、擁有被譽為世界第一美麗圖書館的斯特拉霍夫修道會等等，現存許多有著千年以上歷史的景色和建築物。

　　而布拉格在歷史上與魔法關係密切的程度幾乎與撒馬爾罕及倫敦不相上下，被稱為世界三大魔法都市。會有這樣的稱呼是源自於將神聖羅馬帝國首都從維也納遷移至布拉格、以此地為居城的神聖羅馬帝國皇帝魯道夫二世（※1）的影響。魯道夫二世對於政治不太關心，卻是相當愛好藝術及學藝的曠古稀世收集家。他從世界各地將藝術家、天文學家、魔法師召入宮廷，收集各種藝術作品、科學儀器、稀有的自然物品等。另外據說他也曾命令鍊金術師研究不老不死之藥。

　　因此，蓋在布拉格城區市街、留下過往餘韻的「鍊金術師博物館」如今已是一大觀光聖地。裡面有當時的鍊金術師實際使用的研究場地、重現浮士德博士（※2）使用的大魔法圓等展示品，能夠窺見由16世紀起淵遠流長的魔法與鍊金術。

（※1）哈布斯堡家族第六代神聖羅馬帝國皇帝。在位期間為1576年到1612年。
（※2）詳細參照P.143。

第3章
魔法的種類

黑魔法／白魔法

經常被放在一起討論的對比詞彙「黑魔法」與「白魔法」。這兩者是根據行使魔法的理由和結果來區分的。

善的魔法、惡的魔法。這樣的區分是正確的嗎？

魔法根據歷史層面的理由及發現方法等區分為許多種類，比方說利用自然力量的「自然魔法」（P.96），或者北歐「盧恩魔法」會使用寄宿有魔力的文字（P.104）。在這之中，黑魔法和白魔法就是最為人所知的歷史層面區分法（※1）。

一般來說黑魔法是利用邪惡的精靈等力量向特定對象下詛咒、或者使用在竊盜等犯罪方面。這是為了攻擊他人或者為了私人利益及欲望而使用魔法，因此也被世人稱為「邪術」、「妖術」。

另一方面，白魔法是藉助神明或天使等力量保護自己不受災禍、讓乾旱之地降下甘霖等，能夠對世人帶來助益。

如上所述，大家對於「黑魔法＝邪惡」、「白魔法＝善良」的印象相當強烈，但有件事情大家還是得要留心。就是「使用惡魔的力量但拿來做好事的話也算是白魔法」（反之亦然）。

舉個例子，所羅門王（※2）雖然是基督徒卻留下了差遣72魔神（或說惡魔）建造神殿的傳說。既然是差遣魔神，那麼感覺上所羅門王的力量比較像是黑魔法。但說起來差遣魔神其實是神的命令，而且內容也是建造神殿、是為人類帶來利益的事情，由結果上來看可以說是白魔法。

也就是說，黑魔法和白魔法的差異並不在於力量來源，而是看本質「是否害人」、「是否帶給人類利益」的結果來分類的。並非邪惡就是黑、善良就是白這樣單純的分類。

（※1）一般來說和惡魔有關係的就是黑魔法；和天使或善良精靈有關的就是白魔法，但分界線非常不明確。
（※2）參照P.135。

黑魔法與白魔法的差異何在

黑魔法

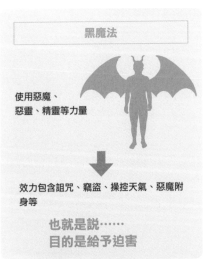

使用惡魔、
惡靈、精靈等力量

↓

效力包含詛咒、竊盜、操控天氣、惡魔附身等

也就是説……
目的是給予迫害

白魔法

使用神明、天使、
精靈等力量

↓

效力包含祈禱豐收、祈雨、達成心願、治療等

也就是説……
目的是給予利益

但是……
如果藉助惡魔的力量卻用來做好事，也是「白魔法」；
如果利用天使的保佑卻做壞事，就是「黑魔法」！

西洋占星術

依照星星排列來占卜命運的占星術，源自中東美索不達米亞、在阿拉伯發展後傳入西洋而受到廣泛研究。

以誕生時間的天體位置來占卜命運

占星術是認為當天天體位置會影響人們的一種理論。在西元前4世紀活躍於古希臘的哲學家亞里斯多德也曾寫下「天界的動態與地上世界息息相關」，可以知道這個想法有多麼深植人心。

西洋的占星術據說是由中東傳入的。西元前2000年左右美索不達米亞認為肉眼可觀察到的水星、金星、火星、木星、土星以及太陽和月亮這7個天體各自居住著神明，而祂們的動態會對我們產生影響。接著又發展出7個天體與12個星座在天頂上的位置彼此結合的方法，確立占星術的基礎。之後占星術傳入希臘以後開始發展，後來又被納入鍊金術（P.90）和召喚術（P.92）當中。

而現在廣為人知的西洋占星術使用的是名為星盤（也可稱為天宮圖，※1）的星象配置圖。調查「出生年月日」、「出生場所」、「出生時間」的星座及行星位置後寫到星盤上，藉由現在與未來的天體位置組合來占卜吉凶。

在文明大有進展的現代，占卜很容易遭人唾棄，但即便如此，占星術仍擁有無法被割捨的部分。1949年某位心理學者為576名醫師進行了占卜，發現他們大多數人的星盤都非常相似（※2）。另外也有研究指出運動選手們的星盤也都很像，因此在科學上也無法輕易否認占星術。

（※1）主流是將表示天頂的圓由中心以放射線區分為12等分。
（※2）星盤與火星相關事項特別多而導致特定領域中出現了大量優秀人才，被稱為「火星效應」。

星盤是什麼樣的東西

占星術所使用的星盤是個人出生年月日的天體配置圖。基本上是圓形（有時候也可能是方形）。星盤自圓的中心以放射線區分為12等分，各自被稱為某某宮。各宮有固定的意義，而哪些天體配置在什麼宮當中是非常重要的。

■各宮意義

●第一宮
自我方針、個性等

●第二宮
收入、與生俱來的資質等

●第三宮
行政、資訊等

●第四宮
家庭、立足之地等

●第五宮
戀愛、自我表現等

●第六宮
勞動、健康等

●第七宮
結婚、人際關係等

●第八宮
血緣關係、遺產等

●第九宮
理想、專業知識等

●第十宮
使命、社會地位等

●第十一宮
溝通、未來等

●第十二宮
潛意識、眼所不能見的世界等

星盤各宮

自轉方向

天空
代表與其他人的關係

地球背面
代表自己的內心

各宮界線

■星盤中置入的要素範例

星盤除了星座和天體的位置以外，還會有如表的幾個要素。另外，天體之間的角度（相位）也是占卜的重要依據。

■主要相位

名稱	角度	意義
合相	0度	互相強調。
對衝相	180度	互相對抗。
四分相	90度	代表必須跨越的考驗。
三分相	120度	彼此調和。
六分相	60度	代表應該掌握的機會。

■變異

男性宮（陽）	女性宮（陰）
行動性、外交性、主導性	被動性、內向性、協調性

■元素

地	水	火	風
穩定、堅實	感情、感性	創造、行動	知識、資訊

■性質

基本宮	固定宮	變動宮
開始事物	持續事物	調整事物

■天體（守護星）

太陽（☉）	木星（☿）	金星（♀）	月亮（☽）	火星（♂）
社會性	知性	協和	依其原樣	自我主張
木星（♃）	土星（♄）	天王星（♅）	冥王星（♇）	海王星（♆）
發展	課題	變革	破壞與重生	理想

■星座（徵兆）

牡羊座（♈）	金牛座（♉）	雙子座（♊）	巨蟹座（♋）	獅子座（♌）	處女座（♍）
行動力、勇敢	穩定、五感優越	知識、社交性	感情、愛情表現	自信、創造性	邏輯、奉獻性
天秤座（♎）	天蠍座（♏）	射手座（♐）	魔羯座（♑）	水瓶座（♒）	雙魚座（♓）
社交、感性	尋求、專家氣質	理想、夢	計畫性、實現能力	個人性、自主性	慈愛、纖細

錬金術

錬金術對於化學的誕生也有所貢獻。雖然大家對於追求鍊出金子的印象比較強烈，但在發展過程中也被加上了各式各樣魔法的特徵。

目標為「完全」的學問

錬金術通常被解釋為將「卑金屬（※1）轉換為貴金屬，尤其是轉變為金子的魔法」。其實這是因為永遠閃閃發光的金子被認為是「完全的金屬」。而在追求這個技術的過程當中，錬金術師認為必須要有能讓金屬產生變化的觸媒「賢者之石」，因此便開始努力製作「賢者之石」。之後錬金術也結合了醫療，發展到人造人及萬能藥研究等領域。同時也出現了萬物由地、水、火、風四大元素構成，各有其精靈存在的想法。

錬金術的大前提是「一為全、全為一」。這句話是從「宇宙是由原初物質（Prima Materia）這種單一物質構成的」思想擷取出的話語，後來發展為代表宇宙天體運作的大宇宙能夠對應人體內部的小宇宙這樣的概念。起源也是眾說紛紜，不過據說西方的這種概念是來自埃及。當時的埃及已經擁有冶金、工藝技術等錬金術需要的技術。同時也流傳到阿拉伯，後來在那裡成為主流。錬金術的英文是Alchemy，語源是阿拉伯文的定冠詞Al＋埃及文的khem（黑土）。khem在歐洲就是「埃及」的意思，所以直譯Alchemy就是「The埃及學」。

時光流轉，十字軍（※2）遠征開始後，錬金術的技術再次被帶進歐洲。實驗過程中發現了各種物質，也因此連帶將相同語源的化學（Chemistry）發展推了一步。

（※1）卑金屬是指鐵和鋅這類在空氣中加熱就很容易氧化的金屬。至於金、銀、白金等不容易氧化的就是貴金屬。
（※2）基督教為了從伊斯蘭教手上奪回聖地耶路撒冷而組成的軍隊。

鍊金術變遷

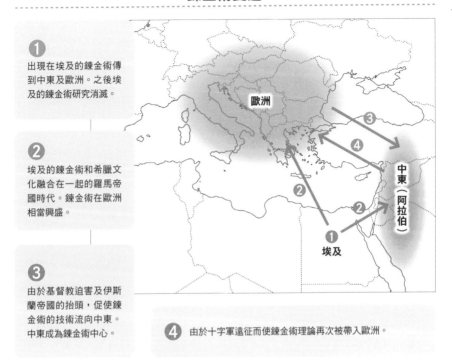

① 出現在埃及的鍊金術傳到中東及歐洲。之後埃及的鍊金術研究消滅。

② 埃及的鍊金術和希臘文化融合在一起的羅馬帝國時代。鍊金術在歐洲相當興盛。

③ 由於基督教迫害及伊斯蘭帝國的抬頭，促使鍊金術的技術流向中東。中東成為鍊金術中心。

④ 由於十字軍遠征而使鍊金術理論再次被帶入歐洲。

四大元素與第五元素乙太

在西元前4世紀左右，希臘誕生了四大元素理論也就是「物質由火、風、水、土4個元素構成」。鍊金術後來認為是由原初物質及熱、冷、乾、濕等4個要素結合之後形成四大元素，使物質的性質產生變化。同時也相信有結合這些要素的第五元素「乙太」的存在，到了中世紀歐洲的時代，也開始認為乙太正是「賢者之石」。

91

召喚術

呼喚天使、惡魔、死靈等不存在這個世上的存在，並且驅使其能力的法術。
起源相當古老，從神話時代起就有人施行。

根據呼喚的東西不同，法術名稱也跟著改變？

在地板上畫魔法圓（※1）、唱誦咒文呼喚惡魔或天使……提到召喚術，應該大多數人想到的都是這樣的畫面吧。借用超自然存在力量的法術自久遠以前便存在，像是薩滿讓靈或神明寄宿於自己身上等案例不勝枚舉。對日本人來說最為熟悉的，應該就是恐山的潮來所進行的「通靈」吧。在世界最古老的故事《吉爾伽美什史詩》中也有主角與好友恩奇都的幽魂對話的場景。《奧德賽》（※2）的主角奧德修斯也曾執行召喚死靈的儀式。不過召喚死靈的法術嚴格來說叫做死靈術，而單純的召喚術是指死靈術以外的情況。

召喚方法五花八門，但形成今天大家心中概念的肯定是《所羅門的小鑰匙》全書或其第一章〈Goetia〉（※3）吧。主要使用「魔法圓」與「三角陣」兩種魔法圖形，書上記載著所羅門王召喚72魔神的方法。大家經常搞錯的一點就是認為被召喚的對象是出現在魔法圓的內側，但其實是在外側。魔法圓是用來保護召喚者的結界，如果沒有這個的話就很容易被召喚來的對象攻擊。另外三角陣是另一道用來封鎖召喚對象、藉此束縛對方的結界。

在近代魔法中，將「呼喚天使或上帝等上位靈性存在」稱為召喚（invoke）；而「呼叫惡魔、死靈、精靈等下位存在且供自己差遣」則稱為喚起（evoke）。所以若是前述魔神的場合應該算是「喚起術」。不過本書採取的立場是「魔神並不一定邪惡也不一定身處下位」因此會繼續使用召喚一詞，還請讀者理解。

（※1）結合具有意義的花紋、圖樣和文字的圖形，也就是人們所謂的「魔法陣」，在近代魔法中通常被稱為「魔法圓」或「魔圓陣」。
（※2）希臘敘事詩。內容是英雄奧德修斯在特洛伊戰爭後一路流浪、歷經千辛萬苦後回到故鄉的故事。
（※3）詳細參照P.78、P.160、P.163。

召喚使用的魔法圓和三角陣

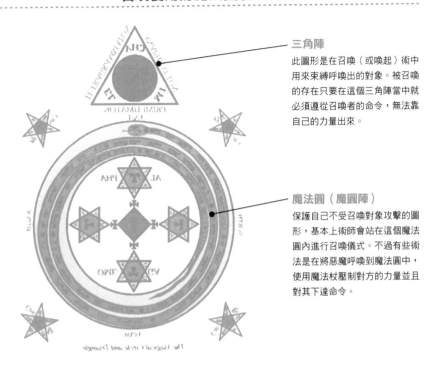

三角陣

此圖形是在召喚（或喚起）術中用來束縛呼喚出的對象。被召喚的存在只要在這個三角陣當中就必須遵從召喚者的命令，無法靠自己的力量出來。

魔法圓（魔圓陣）

保護自己不受召喚對象攻擊的圖形，基本上術師會站在這個魔法圓內進行召喚儀式。不過有些術法是在將惡魔呼喚到魔法圓中，使用魔法杖壓制對方的力量並且對其下達命令。

〈Goetia〉的魔神階級

召喚術基本上都在不會被他人看見的安靜場所執行。召喚條件會因為魔法書或召喚對象的差異而有所不同。比方說〈Goetia〉當中的72魔神只能在新月到滿月之間、月齡為偶數日才能召喚。另外根據魔神的階級（見下表）不同，能夠束縛的時間也不同。因此屆時必須要配戴以對應材質製作、刻有該魔神紋章的護身符。

階級	守護星	護身符材質	可束縛時間
王	太陽	金	9點～正午、15點～日落
侯爵	月亮	銀	15點～21點、21點～日出
公爵	金星	銅	日出～正午（必須是晴天）
大公	木星	錫	日出～日落
騎士	土星	鉛	拂曉～日出、16點～日落
統領	水星	銀金礦（金銀的自然合金）	日出～薄暮
伯爵	金星＋月亮	銅銀各半	日出～日落

儀式魔法

施術一般也會有個人能力區別，無法說做就做。那麼，有沒有那種盡可能讓任何人都可以做到的法術呢？

提升效率的魔法

閃爍著七彩光芒的異次元能力、招來熊熊燃燒的火球、給予敵人重擊……這種遊戲或者奇幻小說當中的行為，想來不可能所有人都可以辦到。然而只要使用（某種意義上可說是鍊金術世紀末的末裔）的巴祖卡火箭筒或者火焰噴射器，也能得到相同的結果。

當然，還是存在要怎麼拿到東西、執行時的波及效果等堆積如山的問題，實際上要實現幾乎是不可能的事情。說到底如果不是上戰場作戰的場合，這種行為根本是重大犯罪。嗯，如果對象不是敵人而是要拆解的建築物，那可能還有討論的空間吧。

話雖如此，當我們回歸正題之後，儀式魔法（※1）的思維基本上就類似這樣。如果希望大家都能使用魔法的話，應該要怎麼做呢？

有志於魔法者代代於錯誤中嘗試，將累積的知識化為體系，持續改良之後固定下來的施術方式，就是樣本化的儀式……這就是儀式魔法（Ritual Magic）。

東洋世界最具代表性的儀式魔法就是「風水」。這是一種讀取充滿在人體和大地中的根源能量「氣」之動向的技術，活用氣的流動來打造建築物或墳墓，就能夠帶來好運。過去的平安京也是大肆動員陰陽師們的知識來打造出的風水都市。不過現在已經有了完整的體系，就算是沒有什麼專業經驗的人，只要參考入門書籍就能獲得一定（而且頗為有效）的效果（※2）。

最貼近大家生活的儀式魔法就是御守和護身符。將那些與有力量之人相關的咒文、樣貌、外貌等描繪下來並且注入力量，就能夠得到魔法效果。

（※1）儀式指的是「對神明的禮拜」以及「固定步驟」等。
（※2）最為人熟知的就是「在家裡的●●方位放○○」這種「陽宅風水」。

94

以各式各樣形態化為儀式的魔法

過去魔法是否能夠發揮效力，基本上是憑藉著施法者自己的才能及力量。但在漫長的歷史當中，魔法師為附屬在實際法術的儀式及咒文，以術式（formula）的形式統整出一個規格體系，改良成就算不理解其中奧妙的人也能夠使用的方式。也就是將唱誦的咒文誦及詠唱方法一元化、工具統一化等。約翰・迪伊（P.134）的「以諾魔法」就是其先驅，艾利馮斯・李維（P.127）的《高等魔法的信條與儀式》是最具代表性的教科書。黃金黎明協會的主要活動也可以說就是將魔法化為儀式。

儀式

明定儀式方法之後，只要遵循指南執行，那麼任誰都能夠使用魔法。神社及寺廟的驅邪和祈禱等，也可以算是這類。

魔法書

將儀式的方法及咒文寫下來作為指南手冊。原先大多是口耳相傳，因此使用文字與圖片記錄下來，將內容變成固定的東西這點意義重大。又稱為奧義書或黑書。

咒文

能夠對自己或對方產生一定效果的語句。日本的《靈幻小子》、《魔界轉生》、《四月是你的謊言》等作品中引用的「Eloim Essaim 聆聽我訴求」相當有名，此乃語出《大奧義書》的譯本（義大利文版本等）。佛教的經典和真言（P.115）也屬於這類。

魔法圓

以尖銳的棍棒或粉筆在地面或地板上描繪特定的圖形及文字。描繪的工具和圖樣方位等都有詳細規定，如果有畫好就能夠保護自己不受外敵傷害，也可以發揮封閉召喚對象的效果。

守護符／咒符

包含御守或神社札等所有具備魔法效果的物品。以西洋來說大多將事前防止災害的稱為Talisman守護符；解厄並帶來幸福的是Amulet咒符。

工具

使用帶有魔力的杖、短劍或戒指等加強自己及法術力量。特別是杖作為魔法師的武器而廣為人知，在施展召喚術的時候也可以用來使對象屈服。

自然魔法

意指地水火風四大元素以外，就連在天空閃爍的星星這些大自然的神祕能源都能驅使的法術。就連禁止使用魔法的基督教都睜一隻眼閉一隻眼？

研究大自然力量並加以驅使

如同先前介紹的，西方魔法的概念大致上區分為黑魔法／白魔法。這主要是基於基督教世界價值觀中的「邪惡」與「神聖」做出的區別。自然魔法可說是異於這兩者（非善亦非惡的中性狀態）的第三勢力。為了要一直存續，就必須要能被社會大眾認定為「雖然沒辦法說是白魔法，但確實不是黑魔法」。

說起來大自然這種東西也是唯一神明那個存在創造出來的東西，所以利用大自然的力量就屬於邪惡，其實這並不合邏輯。更何況在一神教壯大以前，自然魔法的使用者也不曾遭遇激烈的審判，其中也有完全融入社會之中的例子。利用自然界的精靈和妖精作為媒介施展法術、知道具備魔法力量的能量石以及藥草能帶來的效果並且加以活用……等等，這些例子不勝枚舉。

就像是化學來自鍊金術、天文學來自占星術，對人類社會以外的森羅萬象所抱持的高昂探究心，從中催生了自然魔法，之後更成為一切學問源頭的博物學，再細分為動物學、植物學、礦物學、藥學、地理學、氣象學等，踏上現代的自然科學道路。因此我們可以說，魔法正是科學的基礎。

可作為魔法力量的大自然範例

天候

天體

大地

水

礦物

火

植物

風

如同上述，自然界中的東西全部都能成為自然魔法的力量。也有許多地方就像日本所謂的八百萬神明那樣，將森羅萬象皆與神明結合，而向這些掌管自然的神明借用力量，便是自然魔法。相反的，與自然無關的惡魔或死靈當然就不包含在內。

認可自然魔法的基督教？

異教神明或惡魔力量

大自然的力量

是邪惡的魔法所以NG！

基督教嚴格禁止使用除了唯一神以外的神明，也就是異教的神明、惡魔、死靈的邪惡力量。

是神所創造的東西所以OK!?

包含宇宙在內，這個世上所有的自然物都是唯一神創造的東西，因此利用它們的力量就等同於使用上帝的力量，所以沒問題。

類感、感染魔法

由「魔法建立在共感法則上」這種共感理論所形成的兩種魔法系統。這是日本也很熟知的咒術。

弗雷澤提倡的魔法分類

蘇格蘭的人類學家詹姆斯・弗雷澤耗費半生完成的著作《金枝》記載著魔法相關法則。也就是「魔法是由『類感魔法』及『感染魔法』構成的，基礎在於共感法則（共感魔法）」。所謂共感，就是指不碰觸對方就產生間接影響。

共感魔法之一的類感魔法是「類似的東西會對類似的東西產生效果」。舉個例子，對著與施法作用對象相像的人偶或照片所做出的舉動，也會對當事人造成影響。在日本文化中，最容易理解的類感魔法例子就是「丑時參拜」。用釘子敲打被視為施法作用對象的稻草人偶，就能夠給該對象帶來實際的傷害（※1），這樣的行為就是典型範例。另外，模仿動物的動作來獲得其力量的儀式，也是類感魔法的一種。

另一個感染魔法則是「曾是某人身上的東西就算離開了也還是能對當事者產生效果」。使用原先屬於某人身體一部分的頭髮、牙齒、指甲等，可以對身為原主的對象產生影響。更可怕的是「只要是對方有接觸到的東西即可，並不一定要是身體的一部分」。也就是服裝、包包、甚至足跡之類的東西都能夠用來施展魔法。

這種類感魔法和感染魔法自古以來就有人施行。藉由演出獵人打倒人扮成的野獸等場面，祈禱狩獵成功的狩獵儀式，或者使用對象身體某個部分進行詛咒，都屬於這類魔法的範例。

（※1）正統的丑時參拜必須在稻草人偶裡面放入詛咒對象的頭髮或指甲，可說是結合了類感魔法與感染魔法。

由類感與感染構成的「共感魔法」

共感魔法是……　　不直接對當事者下手，而是以間接效果影響對方的魔法。
　　　　　　　　大製上分為以下兩類。

類感魔法

又叫做模仿魔法。是將魔法施行在與對方相似的東西、或者映現出其樣貌的東西上，進而影響當事者。日本的丑時參拜、在巫毒娃娃上扎針都是有名的例子，歐洲也曾有損害蠟人偶來使對方感到痛苦的詛咒方式。美洲原住民則有傷害畫在地面上的圖畫、或者相似的木像來攻擊敵人的詛咒方式。

例）

映出對方
姿態的照片　　　　人偶

感染魔法

又叫接觸魔法。藉由影響對象身體的一部分、或者身上穿的衣服、佩戴的東西等，來對本人產生影響。德國北部傳說如果小偷掉了衣服，就算逃走也會被抓到。澳洲原住民的咒術師會用火燒對方曾使用過的墊子等方式讓對方生病。

例）

包包　　　　衣服

《金枝》是什麼樣的著作

《金枝》（原名：The Golden Bough）一書整理了世界各地的宗教、魔法、風俗習慣及迷信。因為作者並沒有到當地進行田野調查，完全只是收集資料，所以也遭到很多人批評。但是收集前所未見的龐大數量範例，這點倒是值得稱讚。1890年發行初版。1936年出了決定版共13本，本書完成耗費了大約40年的長久歲月及莫大勞力。日本也由國書刊行會在2004年開始出版，到2022年8月已經出版11卷中的7卷。

《金枝》這個標題來自義大利內米湖旁長出金色樹枝的聖樹傳說。

德魯伊魔法

德魯伊是凱爾特民族的知識階級。他們將樹木視為神聖之物，使用橡木製作的法杖施展各種魔法。

也被視為魔法師樣板的聖職人員

在西元前5～1世紀前後，以西歐的德國、瑞士、東法等地為中心，居住著一群被稱為凱爾特的民族。當中屬於知識階級而有著重要地位的便是德魯伊。德魯伊不僅僅是凱爾特人信仰宗教（也稱為德魯伊教）的聖職人員，同時也被賦予了判決的司法權以及超越國王的權力。

德魯伊認為樹木，尤其是橡樹（Oak）最為神聖（日文漢字是「楢」，由「木」和「酋」構成，也就是「樹木的王者」）。德魯伊這個稱呼同時也具有「橡樹賢者」及「知之甚多者」的意思（※1）。生長著大量橡樹的森林屬於聖域，因此宗教儀式通常也都會在這樣的森林中執行。

然而，羅馬人等外部人士卻覺得他們有些可怕。1世紀的博物學者老普林尼就曾表示「他們有活人獻祭的文化，會殺人食用來得到健康與祝福」。另外也有紀錄顯示凱爾特人會將獻祭的人類和家畜放入巨大的人偶「柳條人」裡面點火舉行儀式。

除了以上原因以外，之後又因為基督教的普及而使德魯伊教被視為邪教，最後便從舞台上消失了（※2）。

然而在愛爾蘭，兩個宗教順利融和，人們因此一直相信德魯伊是偉大的魔法師。他們可以變身成各種東西、看見預知夢、甚至還能做到操控天候。另外，如同知之甚多者這個名號，德魯伊也精通醫療、自然、曆法及天文等。

（※1）德魯伊是由古印歐語中代表「橡樹」的「Dru」和代表「知識」的「vid」合成的單字。
（※2）2010年英格蘭暨威爾斯慈善委員會認可了作為德魯伊教代表組織的德魯伊網絡。新的指導者「新德魯伊」們也時常考量如何在與自然密切共存的前提下進行活動。

德魯伊施展的主要魔法

要成為德魯伊，必須熟記大量帶有魔力的詩歌。凱爾特文化並沒有文字，因此一切都必須背誦記憶，在過程中必須先得到成為吟遊詩人的資格。因此據說修行得要花費20年。而修行結束後的德魯伊就能使用下列各種魔法。

操控天候
高階的德魯伊可以借用神明的力量來發動暴風雨、大浪、霧等，相反地也能夠穩定這些天候。

變身能力
人類可以變身為狗、豬、天鵝、鮭魚等生物。關於變身還留有可以變成「水窪」的紀錄。

占卜
透過儀式接收神諭或者預言。這類占卜被認為是與國家命運相關而非常重要。

預知夢
屬於占卜的一種。據說德魯伊躺在剝下的公牛皮上面，就可以夢見未來。

卡巴拉／希伯來字母代碼

猶太教的神祕主義・卡巴拉。重視生命之樹，試圖與上帝交流，以靈術學來解讀《舊約聖經》中內容的流派。

思想目標是與上帝合一

　　魔法世界中有個無論如何都必須接觸到的概念就是「神祕主義」。這種思想會試圖以某種形式與神之類的絕對存在進行交流，並且試圖與其合而為一。

　　卡巴拉是以猶太教作為基礎的神祕主義。相傳起源於1世紀，當時的人會在心中描繪出神之戰車梅爾卡巴（※1）並進行冥想，試圖藉此往神的寶座前進，這種修行被稱為「梅爾卡巴神祕主義」。但隨著時代演進，逐漸變化為「解析創造世界的祕密」的概念，卡巴拉因此誕生。12～13世紀前後以西班牙為中心，卡巴拉變得相當興盛，之後也對西洋魔法產生相當大的影響。

　　卡巴拉的目的是分析（他們認為）存在於舊約聖經裡面的祕密，藉此面對唯一神。因此他們相當重視的是根據2～6世紀前後書寫、作者不詳的《創世之書》內容敘述畫出來的圖形「賽費洛特之樹（生命之樹）」。卡巴拉的目的就是去到天上與上帝合一，因此生命之樹被認為是登天的階梯。

　　此外，名為「靈數學」、為了解明世界祕密的新技法也誕生了。其基礎「希伯來文字代碼」是將舊約聖經當中被認為最重要的《摩西五經》（※2）視為一種暗號，只要將文字轉換成數字，就能夠得到正確的解釋。

　　除此之外還有一個單字包含了其他單字開頭字母的解釋方法「拼詞術」，以及代換單字中的文字，也就是透過易位構詞來找出其他意義的「互換法」。

（※1）舊約聖經〈以西結書〉中登場，長了男人、獅子、公牛、老鷹等4張臉和4片翅膀的戰車。
（※2）上帝授予預言者摩西的經文，是《舊約聖經》最初的5章，又被稱為「律法書」。

卡巴拉相當重視的生命之樹

生命之樹由10個質點（球體）和22個通道構成，由「王國」做為起點，逐步提高自己的靈性，目標是走到最高存在「王冠」。

■各質點的意義

①王冠
是生命的泉源，代表思考及創造。

⑥美麗
生命之樹的中心。

②智慧
象徵男性原理。

⑦勝利
象徵本能與成就。

③理解
象徵女性原理。

⑧榮耀
知性之物，代表名譽。

④慈悲
象徵神聖之愛。

⑨基礎
有著完成與包容的意義。

⑤嚴厲
象徵神的力量。

⑩王國
象徵我們所居住的物質世界。

知識
隱藏在生命之樹的深淵

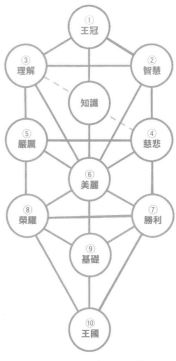

※22條通道對應到塔羅牌的大阿爾克納（P.33）。

將文字置換為數字的希伯來文字代碼

希伯來文字代碼是使用固定規則將文字代換為數字的「靈數學」，將《摩西五經》上寫的文字照以下規則換成數字，然後計算加總。接著將得到的數字代換回該數字的文字後進行比較，就能夠解析出隱藏的意義。

■希伯來文字與數字的對應範例

希伯來文字 （英文）	א （a）	ב b	ג g	ד d	ה h	ו v	ז z	ח x	ט t	י y	כ k
讀音	aleph	bet	gimel	dalet	he	vav	zayin	het	tet	yod	kaf
變換數字	1	2	3	4	5	6	7	8	9	10	20
希伯來文字 （英文）	ל l	מ m	נ n	ס s	ע （a）	פ p	צ ts	ק q	ר r	ש sh	ת th
讀音	lamed	memu	nun	samek	ayin	pe	tsade	qof	resh	shin	tav
變換數字	30	40	50	60	70	80	90	100	200	300	400

盧恩魔法／咒歌

此魔法乃是使用蘊含魔力的盧恩文字。由於詠唱的時候會不斷重複，因此被稱為咒歌而非咒文。

北歐用於神祕用途的盧恩

　　盧恩是西元2世紀前後，居住在斯堪地那維亞半島及現在德國周邊的日耳曼人所發明的文字。是參考拉丁文及希臘文之後刻畫在木頭或石頭上的文字，帶有「神祕」、「秘儀」的意義。不過在神話當中，盧恩是由主神奧丁將自己的身體吊掛在世界樹尤克特拉希爾（※1）上，並且以長槍貫穿自己的身體，在此狀態下斷食冥想9天後，自冥界取得的「蘊含著魔力的文字」。

　　盧恩在日常生活當中也會使用到，後來由於日耳曼民族移動而傳播到世界各地。但隨著基督教的拓展，拉丁文字普及化以後，盧恩也逐漸被廢除。

　　但神奇的是，後來世間開始強調盧恩作為「蘊含魔法力量的文字」這一面。尤其是若將盧恩文字或寫成的文章刻在碑文或工具上，就能夠得到魔法效果。在日本也存在如果將代表佛的梵文刻在石碑或木牌上就能夠受到庇佑的文化，這應該是相同的思考模式吧。

　　另外世人也相信，如果把盧恩文字編寫成咒文當成歌曲來詠唱，就能夠強烈發揮魔法效力。這就稱為「咒歌」或「Galdr」，而使用者則被稱為「咒歌匠人」（※2）。咒歌除了醫療方面及操控天候以外，有時候還會用來聆聽死者傳來的訊息。除了詠唱咒歌以外，將適當的盧恩文字刻畫在物質上，方為正式的最大咒法。

（※1）在北歐日耳曼人的宇宙觀當中，本身就是世界的大樹。
（※2）參照P.161《Galdrabk 咒歌之書》、P.162《梅澤堡護身符》。

由24個文字構成的盧恩文字「弗薩克文」

　　盧恩並沒有嚴謹的統一規格，不同地區使用的文字數量和意義也可能相異，非常不具統一性。現在最有名的盧恩文字是由24個字母構成的日耳曼共通「弗薩克文」，由來是盧恩文字最初的6個字（FUThARK）。

fehu 家畜、財產	uruz 野生力量、牛	surisazu 巨人、荊棘	ansazu 口、神	raizoo 車輪、旅	kano 火把、智慧	gebo 愛情、禮物	unyuu 幸福、喜悅
f	u	þ(th)	a	r	k	g	w
hagarazu 電、預料之外的麻煩	naushizu 缺乏	isa 冰	year 夏、收穫、一年	eiwaze 第一、死與重生	berusu 祕密、謎	arugizu 友情、夥伴	soweru 太陽
h	n	i	j	ü,é	p	z,r	s
teiwazu 勝利	beooku 樺樹、母性	ehuwazu 馬、變化	mannazu 人類	raguzu 水、感性	inguzu 豐饒、生命力	oosira 故鄉、土地	zagazu 一天
t	b	e	m	l	ŋ(ng)	o	d

105

巫毒

巫毒是由非洲民間信仰以及複數宗教融合而成。製造殭屍的「殭屍粉」相當有名，但他們還有很多其他的法術。

因殭屍而出名的民間信仰魔法

位於美國東南方、加勒比海上的海地，有個名為「巫毒」的獨家宗教系統。在奴隸貿易還相當興盛的時候，從非洲各地被帶到海地或者美國成為奴隸之人的信仰，與居住在當地的原住民信仰、以及基督教的教義都融合在一起，形成了巫毒（※1）。另外，巫毒這個詞彙在豐語（※2）當中是指「精靈」、「神」。

巫毒主要是信仰一個名為「羅瓦」的精靈。在宗教儀式中祭司會呼喚羅瓦，並使其暫時附於活人的身體上，神與人合而為一便能獲得其恩惠。

提到巫毒，應該會有很多人想到「殭屍」吧。現在由於電影等媒體的影響而變得相當出名，不過這裡所謂的殭屍，原本其實是來自巫毒教中被稱為波卡爾的祭司針對重罪犯或粗暴之人使用「殭屍粉」來進行的刑罰。被塗抹「殭屍粉」的人會陷入假死狀態，然後被視為已經死亡，入土下葬。之後會再偷偷把他們挖出來，給予解毒劑讓他們復甦，但是這些復活的人其實靈魂都已經被封印了，只能一輩子當波卡爾的奴隸。

另外巫毒文化中較為有名的，就是將麻線或毛線捲在棒子上製作的「巫毒娃娃」。這和日本的稻草人偶是一樣的，可以透過用針去扎娃娃給予對方詛咒，但是也可以反向使用，刺在自己身體疼痛的部分，便能夠消除患部的疼痛。

（※1）西非的貝南、美國紐奧良的部分地區也信仰此宗教。
（※2）居住在貝南的豐族語言。

巫毒的神官們

　巫毒是民間信仰，並沒有類似宗教團體的組織，不過有負責執行祭祀的指導者以及施行咒術的魔法師等。最具代表性的就是下列的波卡爾和歐剛（曼博）兩種。新進神職人員被稱為溫西・波薩爾，持續修行就能得到名為剛左的地位。再繼續修行就會升上歐剛（曼博），如果也有負責詛咒和死靈術的話，就被稱為波卡爾。

歐剛／曼博

工作：祭祀、治療、建議　等

信徒可以找他們商量事情，他們也會幫病人治療。是負責處理巫毒儀式的主辦人，當歌舞來到狂熱的巔峰時，羅瓦（精靈）就會附身在歐剛（曼博）身上。進入人類身體的羅瓦便會降下神諭，為大家的問題提出解決建議。

波卡爾

工作：執行詛咒、製作毒藥　等

操控各式各樣超常現象的魔法師，他們會與惡魔簽訂契約，並擁有變身為其他動物的能力。有時候還能驅使死靈攻擊他人。如果遭到波卡爾惡意攻擊，就需要另一名波卡爾的保護。

■波卡爾的「殭屍粉」製作方法

　哈佛大學的戴維斯・韋德曾經發表殭屍粉製作的步驟，順序請見下圖。

　用這個方法製作出來的殭屍粉，塗在人類腳上就能使人陷入假死狀態，主要是因為河魨毒主成分「河魨毒素」的效果。這種毒被人體吸收以後，就會麻痺神經使人陷入假死狀態。雖然服下解毒劑但意識仍不太清晰的被害者會發現自己成了殭屍，麻痺的心靈也會陷入恐懼之中。

①將蟾蜍與毒蜘蛛放入壺中，埋到地底下。

②將磨碎的蜈蚣和狼蛛、指定的樹木葉片及豆類等放進地下的壺中，攪拌之後靜置兩天。

③將4種河豚、雨蛙、蟾蜍、多種植物、狼蛛都加到壺裡。

等待其熟成後……
**殭屍粉
就完成了！！**

惡魔崇拜

惡魔是誘惑人類並使人類墮落的存在，但也有一派專門崇拜它們的人。然而，其實惡魔中有很多都是落魄的異教神明。

崇敬邪惡存在的人

惡魔崇拜如同字面所示，就是信仰惡魔。猶太教、基督教、伊斯蘭教（※1）中的惡魔，都是反叛上帝的天使們最後的樣貌，是蠱惑人類走上邪惡道路的存在、惡的化身。

那麼為何會有崇拜惡魔的人呢？有兩個相當重要的理由。其一，就是由於一神教的普及，導致某些地區原先信仰的神明變成了惡魔。以往的世界每個地方都有自己的當地信仰，然而一神教最具代表性的基督教在傳教的時候，便大肆宣揚當地神明或者超常存在是「以神之名欺瞞眾人的惡魔」。然後基督教除了敦促異教徒改信基督教以外，也表示拒絕更改信仰的人就是惡魔的崇拜者，並加以迫害。舉個例子來說，所羅門王的72魔神中的巴爾（※2）和亞斯塔祿（※3）就是原先中東信仰的神明。

另外也有人崇拜著純粹身為惡之化身的惡魔。（被認為）會舉行連絡惡魔的儀式「巫魔會」（黑彌撒）的魔女們就是代表之一。另外還有活躍於中世紀歐洲的聖殿騎士團（※4）在1308年被認為崇拜惡魔巴風特，遭到法王告發後所有人都被處以火刑。這個事件不明之處甚多，如今一般認為騎士團可能被捲入某種陰謀，就和許多被指稱為魔女的人其實都是無辜者的情況一樣，是因莫須有的罪名遭到處刑。

雖然相當少見，但還是有崇敬惡魔的神祕集團，大多數是對人生絕望而自暴自棄的人，經常會引發重大事件而走上毀滅之路。

（※1）教義中提到自己信仰的神是唯一真神。
（※2）詳細參照P.163。
（※3）詳細參照P.165。
（※4）由8名法國騎士騎士設立的騎士團。第一次十字軍東征的時候負責防禦聖地耶路撒冷。

被當成惡魔的當地信仰眾神

　　基督教在傳教的時候，會否定在當地根深蒂固的宗教，說那是魔神或惡魔。而該宗教的信徒則被視為惡魔崇拜者。不過另外也有些神祕團體原先就認定自己崇拜的是惡魔，若有活人獻祭習慣，通常最後都會走上毀滅的道路。1966年美國出現了「撒旦教會」，不過這又是另一個具備理性的團體（P.147）。

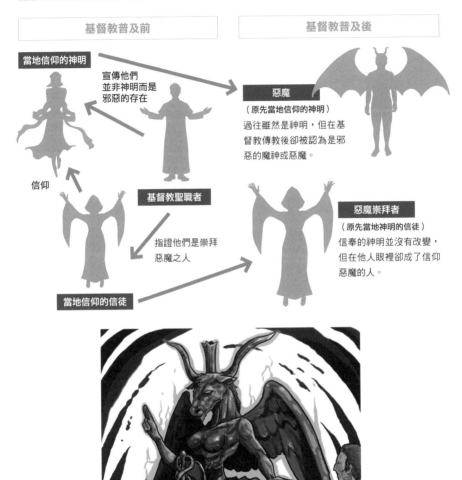

基督教普及前

當地信仰的神明

宣傳他們並非神明而是邪惡的存在

信仰

基督教聖職者

指證他們是崇拜惡魔之人

當地信仰的信徒

基督教普及後

惡魔
（原先當地信仰的神明）
過往雖然是神明，但在基督教傳教後卻被認為是邪惡的魔神或惡魔。

惡魔崇拜者
（原先當地神明的信徒）
信奉的神明並沒有改變，但在他人眼裡卻成了信仰惡魔的人。

性魔法

世界各地都存在認為性交後能留下子嗣是相當神祕之事的文化。甚至還有一些派閥將性行為的能量使用在魔法當中。

無法斷絕關係的生命行為與魔法

除了少部分例外，生物幾乎都會以某種形式和其他個體交合後產下後代、繁榮族群。由於人類認為這種性能量相當神祕，所以將其納入信仰當中利用在魔法上。

關於性與信仰的關係，其中最具代表性的就是將生殖器與豐饒結合在一起，並加以崇拜。在日本各地都有奉男性生殖器形象為御神體的神社（道祖神等）。將與生命誕生直接相關的器官視為神聖之物，發展為「期望它豐饒的力量能夠傳達給稻作等作物」的信仰。

另外，隸屬性與豐饒相關之女神的巫女以「神殿娼婦」（又叫聖娼）的身分在神殿舉行儀式性的性交，就能夠與女神溝通，這樣的信仰也並不是罕見的存在（※1）。

最為積極肯定性行為的就是印度的「怛特羅」。這個流派認為宇宙是由男性原理及女性原理構成，使這兩者交合就能夠到達擺脫一切迷惘的境界，獲得「解脫」。男性原理在人類的頭部、女性原理在接近尾椎的部分，以靈性的管道相連。而採用性交、飲酒、肉食或瑜珈等方法讓女性原理覺醒，就能夠攀登上夏克提（性能力）通道與男性原理結合，獲得解脫。

到了近代，怛特羅也被西方的魔法結社「東方聖殿騎士團」納入概念。當中尤以阿萊斯特・克勞利最為積極，據說他曾嘗試將亂交、同性交合等各種性行為使用在召喚術上，確認其效果（※2）。

（※1）以中東信仰的性愛之神伊南娜（伊絲塔）最為有名。
（※2）詳細參照P.124。

世界各地的「性」與魔法意義

自古以來就有人信仰性、又或者試圖將其與魔法結合在一起。將性融入祈求豐饒與子孫繁榮的行為之中，或者以性能源來延長壽命。另一方面，在基督教影響下，為了尋求快樂而性交被認為是相當奇怪的事情，也因此產生了讓人類在性行為方面墮落的淫魔（參照P.176）或者像是在黑彌撒中魔女與惡魔亂交等傳說。

神殿娼婦

執行的儀式中伴隨性行為的巫女。除了藉由性行為接觸神明以外，據說這個行為本身就具有靈的能力。在《吉爾伽美什史詩》當中一開始彷彿野人的恩奇都正是與巫女性交以後才獲得了人性。在希臘等其他地區及時代也都留有神殿娼婦的紀錄。

生殖器崇拜

信仰著有如性器官樣貌的神體，將其視作自然生產力及豐饒的象徵。大多是以農耕維生的民族，日本也有些地區現在祭祀時還是使用外形如生殖器的神體。在歐洲，也能於教會看到拉開自己陰部的古老凱爾特女神希拉納吉的像。

房中術

起源於中國的思想之一。概念是認為人有陰陽之氣，使用特定的方式來性交就能夠調和這兩股氣、延長自己的壽命。原先算是醫術的一種，但也被佛教相關人士批評此學問過於淫穢。

怛特羅

印度的思想之一。概念是認為人類體內的男性原理和女性原理，透過性交和肉食等方式結合就能夠解脫。西洋魔法後來納入此概念，產生了伴隨性行為的魔法體系。

對性行為相當嚴苛的天主教會

通常是宗教聖職人員遭到禁止。尤其是基督教當中最大派系的天主教會根據聖經的記述，禁止所有不是為求子嗣而進行的性行為。一神教之中，基督教的前身猶太教則對於性行為的規則較為放鬆。給人感覺好像更嚴格的伊斯蘭教，反而還推廣能帶來愉悅感的性行為，認為那是「神所賜予的東西」。

■主要宗派對性的倫理觀

宗派	婚外性交	愉悅性行為	避孕性交	自慰	性妄想
天主教會	×	×	×	×	×
新教※	×	×	△	△	×
猶太教	×	○	○	○	○
伊斯蘭教	×	○	○	△	×
佛教	×	○	○	△	△

「○＝OK」「△＝不建議」「×＝禁止」
※範例。新教會因不同流派或指導者而有不同規定。

以諾魔法

16世紀的魔法師約翰‧迪伊及其助手愛德華‧凱利一起領受了天使的語言。
後世便產生了使用此語言的魔法。

將天使的語言使用在魔法上

唯一神的使者天使，據說會使用祂們自己的語言交談。猶太教認為這個語言
就是他們自己（猶太人）的共通語言希伯來文，但基督教的教義裡面並沒有明
確指出是哪種語言。

據說後來學會天使的語言「以諾語」的，是16世紀的魔法師約翰‧迪伊。
他嘗試使用水晶球展現魔法來與天使交流，但並不順利。不過後來遇到了優秀
的靈媒愛德華‧凱利，終於成功接觸天使尤利爾和米迦勒（※1）。他們將浮
現在水晶球上的文字記錄下來，學會了天使的語言以諾語。迪伊和凱利除了得
到總共21字的以諾文字以外，還有魔方陣25×27字的平板、以及由49×49
格字構成的文字表。

迪伊順利將以諾語整理出來，並將寫好的書命名為《羅迦埃斯之書》。此
外，迪伊和凱利在執行儀式的時候會用以諾語唱誦咒文，但是以諾語本身以及
平板究竟有何意義、應該如何使用卻是毫無頭緒。

迪伊和凱利雖然達成此一偉業，但是當時被認為是捏造的、並未得到良好評
價。不過到了19世紀末時阿萊斯特‧克勞利和麥克達格‧馬瑟斯卻相當重視
以諾語。他們以迪伊的研究成果建立起一個魔法體系，認為可以使用以諾語來
召喚天使、並且使用這份力量操控其他精靈等。

（※1）兩者都屬於上帝御前的四大天使。個性嚴厲、單手持火焰、會懲罰罪人。

以諾語是天使傳授的？

以諾語是靈媒凱利和大天使尤利爾接觸後拿到的東西，由以下21個文字構成。名稱是來自最初的人類亞當的子孫以諾。亞當幫東西命名的時候也是使用這種文字，不過在其子孫以諾蒙主寵召以後，以諾語就被遺忘了。

迪伊雖然將以諾語寫成書籍，但被懷疑是捏造的，後來以諾語在魔法世界中大放光彩已經是進入20世紀以後的事情了。

■以諾文字一覽

文字 （英文）	A	B	C / K	D	E	F	G / J
讀音	Un	Pa	Veh	Gal	Graph	Or	Ged
文字 （英文）	H	I / Y	L	M	N	O	P
讀音	Na	Gon	Ur	Tal	Drux	Med	Mals
文字 （英文）	Q	R	S	T	U / V / W	X	Z
讀音	Ger	Don	Fam	Gisg	Van	Pal	Ceph

以諾魔法基礎平板

以諾語因為隸屬「黃金黎明協會」的克勞利和馬瑟斯而受到矚目，他們也將鍊金術、四大元素、西洋占星術的黃道十二宮等其他魔法系統都納入，將以諾語建立成魔法體系。因此而生的就是「以諾魔法」，最一開始要將方陣平板配置在房間四個角落，執行「眺望台啟用」儀式，先顯現出一個之後可以用來執行儀式的靈性神殿。之後會在儀式中依照順序繞行共有30層樓、天使所在的「Aether」，最終的目標是整合自我（主觀）及宇宙（客觀）。

平板範例

以諾魔法中使用的平板（魔方陣）之一。上面使用了以諾文字。有火、風、水、土4種（此圖片為火平板）。

陰陽術／九字

陰陽術及九字都因為創作作品的影響而廣為人知。這兩者都是日本特有的魔法體系，不過也有人認為陰陽術的源流其實來自西方。

日本最具代表性的兩種魔法

過去日本相當積極接納中國流入的思想及技術等，6世紀前後傳入了「陰陽五行說」（※1）、道教、占卜等文化思想，和日本文化結合以後開始獨立發展。由此而生的便是陰陽道，而使用其秘術就是陰陽術。

第40代天皇，也就是天武天皇的時代，在處理天皇國事以及後宮政務的中務省當中設立了「陰陽寮」這個部門。隸屬於陰陽寮的人員被稱為「陰陽師」，他們會從星星的位置判斷吉凶、製作曆書等，負責天文學及占卜的工作。

但是到了平安時代，「陰陽」的意義產生變化，加入了驅邪、咒術、舉行祭祀等行為，變得像是一種宗教。在宛如魔法師的陰陽師之中，最有名的就是安倍晴明（※2）。他留下了使喚式鬼（式神）、逼退怨靈等各式各樣的神祕傳說，使得後來陰陽師就宛如魔法師般的存在。雖然這也是因為將原先屬於道教咒術的咒禁道納入陰陽道之中的緣故，不過其術法和象徵性都與那些以猶太教作為基礎的魔法，比如卡巴拉或所羅門王魔法相似，因此也有看法認為源流其實來自西方。

另一個代表日本的魔法就是「九字」。基本上是一邊唱誦具有破邪力量的九個漢字，兩手打出9種手勢（印契），施展能夠祈求戰勝或消災的「九字護身法」。源流和陰陽道一樣來自中國，是結合陰陽道及修驗道（※3）之後發展出來的東西。

（※1）將萬物皆由陰與陽性質構成的陰陽說，以及由木、火、土、金、水5種性質構成的五行說融合在一起的理論。
（※2）詳細參照P.123。
（※3）來自信仰山稜的「山岳信仰」，目的是與山化為一體。

陰陽道誕生過程

陰陽五行說和易這類占卜、風水等由中國傳入的思想，融合日本獨特的術法以後產生的便是陰陽道。一開始只有占卜和天文，但是到了平安時代，也開始負責驅邪及咒術等，變化為類似宗教的性質。之後也出現了不隸屬行政單位的民間陰陽師，還有那些接受有力貴族委託的自由業陰陽師。

中國		日本		也能驅邪、祭祀及施行咒術了！
·陰陽五行說思想 ·道教（咒禁道） ·易（占卜的一種） ·風水 等	發展 →	以獨自方式融合在一起、進化之後產生了陰陽道，初期以占卜為主	發展 →	↓ 逐漸轉變為宗教性質

占卜	驅邪	咒術
觀察天象進行占卜，以干支等作為標準觀看國家及社會的命運。成立初期以此活動為主。	會執行趕走惡鬼的「追儺」儀式，或者碰觸就能將人類的災厄轉移到紙張或人偶上的「撫物」。	驅使被稱為式鬼（式神）的使魔，或使用符咒行使魔法。據說甚至能讓人起死回生。

代表日本的魔法「九字真言」

九字種類繁多，不過最有名的是唱誦「臨兵鬥者皆陣列在前」。除了配合九字結印以外，也可以將右手食指與中指併攏做出「刀印」，配合九字畫出格子，最後用手刀斜切圖形，這樣的做法被稱為「快九字」。

■快九字與刀印

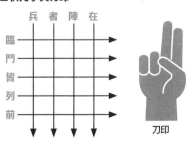

兵　者　陣　在

臨
鬥
皆
列
前

刀印

■九字和九印

臨 獨鈷印	兵 大金剛印	鬥 外獅子印
者 內獅子印	皆 外縛印	陣 內縛印
列 智拳印	在 日輪印	前 隱形印

天界魔法

自古以來便有人認為自然界之中蘊藏了超常的力量。其中特別重要的就是運用天體力量的狀況魔法，也稱為星辰魔法。

依照步驟得到天體的力量

如其名所示，這是借用天體力量行使的魔法。從認為行星等各天體上有著靈性存在的思想當中，衍生出只要在特定的日子進行指定儀式，就能夠使用該天體靈性能量的想法。

把經由這種方法獲得的力量注入護符等物品當中，之後就可以用來施行神祕力量。這類法術可以說是將借用大自然力量的自然魔法以及觀察天體動態的西洋占星術融合之後形成的魔法。

對於這種天界魔法影響最大的就是魔法書《賢者之書》，本書據說是12世紀前後由居住在西班牙的阿拉伯人所做的紀錄，整理了相當多與魔法相關的文獻，當中也記載了關於前述將寄宿於星星或行星上的靈性能量轉移到護符上的方法等。

然而執行方法的細節非常繁雜，如果想要有效使用行星的力量，那麼除了咒文以外還要留心圖形、祭品、煙燻等等。除此之外，書中甚至還提到了執行儀式之前的心理準備等內容。

舉個例子來說，如果要使用某個行星的力量，就不能崇拜偶像、必須提高自己的信仰之心。如果覺得已經提高了信仰之心，就清潔自己的身體及服裝，穿上跟想獲取力量的行星顏色相襯的服裝。像這樣全都準備好了以後，才能夠透過儀式來達成目的。

使用天界強大的力量

天界魔法是結合占星術與自然魔法，藉由在特定日期執行特定儀式，就能夠將宇宙力量使用在魔法上的一種技術。12世紀前後由阿拉伯語寫成的《賢者之書》裡面有許多關於天界魔法的記載，可以從宇宙取得力量之後灌注到護符等物品當中。

不過為此所需要的步驟相當繁雜，除了儀式的日期時間以外，儀式過程使用的圖形、祭品、咒文等全部都有指定。而且為了讓魔法成功，還必須提高自己的信仰之心，除了有著儀式魔法（P.94）那種一板一眼的步驟以外，也可以說是不可小看的術法。

宇宙／大宇宙
（天界）

護符

在特定的日子
執行特定的儀式，
得到天界的力量

將得到的力量
注入護符等物品當中
來使用。

小宇宙
（人類）

阿拉伯魔法書《賢者之書》

原典由阿拉伯文寫成，原書名為《Ghyat al-akm》（賢者的目標），1256年被翻譯成西班牙文，之後以《Picatrix》這個書名在歐洲廣為流傳，之後又被翻譯成拉丁文。15世紀在義大利被當成學習古代思想與神秘思想的普遍教養書，也就流傳更廣了。

賢者之書的特徵

・雖然分成4部，但撰寫時並沒有建立系統。

・是將224本書編纂後完成的。

・內容融合了魔法與占星術。

・對中世紀歐洲的魔法產生相當大的影響。

驅魔

雖然基督教禁止魔法，但他們認為自己的法術比較特別，並且稱之為「奇蹟」。而這也與教祖耶穌的傳教方式有關。

連綿不絕、一路繼承的驅魔

如同P.80的解說，天主教會的總部梵諦岡針對各教區都認可了幾名驅魔師，負責救濟那些遭到惡魔附身的人。這種邪惡的存在會進入人類身體行惡的概念如今依舊在世界各地流傳（※1），不過本節解說將會聚焦在在天主教會方面。

原先基督教（譯註：這裡的基督教意指廣義的基督信仰，並非表示中文圈中泛稱基督教的「新教」）是禁止使用魔法的。不過教祖耶穌會治療為疾病所苦的人們、將麵包變多，使用類似白魔法的力量引發許多奇蹟。驅魔也是其中之一，在《新約聖經》當中描寫過好幾次耶穌與其弟子們以神祕的力量擊退惡魔的場景。

由於這些因素，基督教雖然禁止異教的魔法，卻對於他們自己施行的法術相當寬容，稱之為「奇蹟」。之後隨著傳教行為擴大，十字架、教會、或者聖職人員身上穿戴的東西，這些與基督教相關的物品也全部都被視為具有靈性力量。

基督教將驅魔者稱為「驅魔師」（※2）。最初只會下「以耶穌之名命你離開」這樣相當簡單的指令，到了3世紀以後就出現了專門驅魔的驅魔師，儀式內容細節也變多了。到了1614年則完成驅魔規範書籍《羅馬彌撒經書總論》，之後過了400多年，目前仍以該書作為標準持續執行驅魔儀式。

（※1）在日本有犬神之類的妖怪或者狐狸、蛇的靈會附到人類身上。
（※2）原文exorcist據說很可能是來自希臘文的「exorksmon」（強烈誓言）或者「exousia」（使其離開）。

基督教行使魔法力量的理由

　　由於教祖耶穌本身有魔法行為，所以為了增加信徒的基督教雖然排斥異教的魔法，卻對自己施行的法術相當寬容，並且以「奇蹟」稱之。因此基督教本身也有魔法，之後信徒們也開始相信連教會、十字架等與基督教相關的東西也全都有魔法力量。與耶穌或聖母瑪利亞相關的東西、知名聖職人員穿戴的東西甚至是遺骨或身體一部分，都被認為相當神聖，稱為「聖遺物」。

進行治療或驅魔等

天使的力量 OK！

禁止異教神明力量！

教會

十字架

耶穌時代起，基督教的聖職人員就會施行特別的力量。

只有基督教的法術比較特別。

和基督教有關係的東西也被認為帶有魔力。

國王碰觸便能治病的「皇族觸療」

在過去的英格蘭和法國，人們相信
「國王只要碰觸他人就能治療其疾病」。

國王能夠行使的醫療行為

　　由中世紀到近世，英格蘭和法國會施行「只要國王碰觸就能治療疾病」的魔法治療。這種被稱為「皇族觸療」的方法一路被傳承了800年之久。

　　在11世紀初期，兩國的國王自己也承認能夠進行治療。這是來自於王權神授說之中的「王權是由神所賜予的」這種思想，因此認為國王有神聖的力量。另一方面，這裡頭也存在「這一切是為了提高國王威嚴而進行的演出」這層意義。

　　王能夠治療的只有名為「瘰癧」（※1）的疾病，由於只要觸摸就能夠治好，所以民眾都會想要前去面見國王。這種治療方式相當受歡迎，在13世紀的英格蘭，愛德華一世一年就治療了1736人；而紀錄上17世紀的查理二世在位25年間總計對10萬多人施行了皇族觸療。

　　皇族觸療隨著時間流逝而變得越來越神聖，之後轉變為要在固定日期才能執行儀式。17世紀的法國在執行儀式時，國王會一邊進行觸療一邊說著：「王觸碰於你、神治療於你。」據說拯救許多人脫離苦難（※2）。

（※1）中世紀歐洲流行的一種因結核菌而引發淋巴腺發炎的疾病。
（※2）由於法國革命使王權墜地以後，皇族療養的信仰也遭到廢棄，沒多久就走向盡頭。

第4章
與魔法
相關的人物

亞伯拉梅林

埃及最具代表性的傳說級魔法師。透過聖守護天使來使喚惡魔。獨創的「亞伯拉梅林魔法」創始者。

透過聖守護天使操控惡魔

　　他是14世紀埃及傳說中的魔法師，相當擅長卡巴拉（※1）。確立了後來被稱為「亞伯拉梅林魔法」的獨特魔法體系，當時被稱為世界最強的魔法師。寫下魔法書《亞伯拉梅林之書》（※2）的猶太人魔法師沃姆斯・亞伯拉罕是他的弟子。

　　其魔法根本在於透過和聖守護天使對話來驅使惡魔。行使法術時會使用被稱為「魔法陣」、在格子內填寫文字的正方形圖樣。要和聖守護天使對話，必須在一定期間內斷絕與他人往來以及肉食、藥物攝取等，洗淨身心一切汙穢，同時還需要作為靈媒的青春期少年。之後這個魔法體系在魔法結社「黃金黎明協會」（※3）手下復活，傳承到現代。

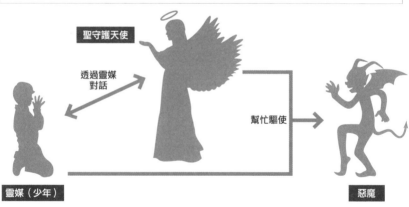

亞伯拉梅林魔法的特徵

聖守護天使

透過靈媒
對話

幫忙驅使

靈媒（少年）

惡魔

（※1）猶太教的神祕思想或為秘術。追求宇宙真理。
（※2）整理出亞伯拉梅林魔法的魔術書。在被麥克達格・馬瑟斯翻譯成英文後廣為人知。
（※3）19世紀末時在英格蘭創立的魔法結社。

安倍晴明

平安時代如同彗星般登場的天才陰陽師。長於占星術及操控式鬼（式神），
僅憑自己一代的努力便被譽為陰陽道大師而出人頭地。

掀起潮流的陰陽道傑出人士

平安時代的陰陽師，安倍氏流土御門家之祖。在《大鏡》和《今昔物語集》
當中提到他是驅使鬼神的退魔師；《金烏玉兔集》中記載他是稻荷神神使狐狸
之子；由於江戶中期淨琉璃《蘆屋道滿大內鑑》而廣為人知。

史實上他是代代從事朝廷陰陽師工作的賀茂家高徒，由他過人的才能被認
可，後來繼承了賀茂家負責業務之中的「天文道」（※1）這個範疇。之後晴
明也因為自己擅長的占星術及祭祀而聲名大噪，成為與賀茂家並列的陰陽道大
家，確立了自己的地位。

傳說中他也以咒術及驅使式鬼（式神，※2）聞名。其神祕術法當中有許多並
不屬於陰陽道，因此也可以認為他可能是擷取了西洋魔法的雙重修習魔法師。

安倍晴明使用來自西洋的魔法？

安倍晴明判　　　　所羅門之星

與所羅門王的奇妙一致性
驅使魔物、圖紋等與所羅門王有著許多共通
點，而所羅門王在東方的發音如果去掉不
好發音的捲舌音以後就很接近「seiman」
（※3）。

共通的星星圖樣
五芒星自古以來就被當成魔法記號。另一方面，
陰陽道則將其視作五行相剋的象徵及驅魔的符
咒，被稱為「安倍晴明判」或「seiman」。

式鬼（式神）

惡魔、魔神

（※1）陰陽道之一。觀測並記錄天文現象，同時占卜其影響。當時認為天文現象異常是與國家存亡有關的重大事件。
（※2）陰陽師驅使的鬼神或者精靈。會讓它們附在紙張做的人偶上面驅使。
（※3）情況就跟突厥語中的獅子亞爾斯蘭變成亞斯蘭是一樣的意思。

阿萊斯特·克勞利

19世紀後半到20世紀中旬活躍的大魔法師。他抱持嶄新的觀點及思想確立的理論，現在仍對於魔法界有著相當大的影響。

追求獨自魔法理論的英國天才

　　將近代西洋魔法與東洋神祕思想結合，拓展出獨門魔法體系的20世紀最強魔法師。他走遍世界各地，與許多魔法結社合作並追求自己的終極理論。他也是將自己的聖守護天使所說的話語記錄下來的《律法之書》（※1）作者，也以此聲名遠播。

　　1898年加入「黃金黎明協會」，拜中心人物麥克逵格·馬瑟斯為師。但也有團員反對他加入，沒有多久他和馬瑟斯就一起被結社放逐了。之後克勞利也與馬瑟斯反目，自稱是艾利馮斯·李維的轉世，設立了「白銀之星團」（※2）。另外又受到「東方聖殿騎士團」（※3）指導者的邀請，在英國設立了分部、致力於魔法活動的精進，但是晚年在沉溺藥物的情況下過世。

魔法師阿萊斯特·克勞利的人物風貌

- 20世紀最強魔法師
- 《律法之書》的作者
- 世界上最邪惡的男人
- 現代魔法運動先驅者
- 托特塔羅牌發明者
- 艾利馮斯·李維的轉世
- 拜入「黃金黎明協會」麥克逵格·馬瑟斯門下
- 傾心於性魔法
- 「東方聖殿騎士團」的英國分部長
- 「白銀之星團」創始者

（※1）克勞利所撰寫的泰勒瑪教經典。內容是聖守護天使艾華斯的話語。
（※2）以泰勒瑪思想成立的魔法結社。將克勞利著作《律法之書》奉為聖典。
（※3）19世紀末到20世紀初期設立的兄弟會、宗教團體。在克勞利介入後就變成以《律法之書》作為中心教義的宗教團體。

愛德華·凱利

約翰·迪伊的夥伴，成功與天使對話。對於將以諾魔法化為體系有相當大的貢獻。據說也是神祕古文書《伏尼契手稿》的作者。

以靈媒身分與大天使尤利爾對話

稀世的靈媒師，同時也是鍊金術師，甚至還是個被人稱為詐欺師的人物。是同為英國人的魔法師約翰·迪伊的助手，直接聯繫大天使尤利爾（※1），負責將天使語言以諾語傳達給人類的重要工作。

凱利是使用水晶球來進行透視和傳訊的靈媒，在與天使對話的時候也使用水晶球。迪伊將凱利轉述的尤利爾話語（＝以諾語）記錄下來，然後由此建立了以諾魔法（※2）的基礎，不過迪伊自己看不到水晶球當中的天使影像，最後還是懷疑起凱利所說的話，因此兩人便取消了合作關係。之後凱利自稱是了解金屬性質變化祕密的鍊金術師，得到了面見羅馬皇帝魯道夫二世的機會，但因為觸怒皇帝而遭到下獄，據說可能死於獄中，也有人說他成功逃脫。

凱利留下來的？神祕古文書《伏尼契手稿》

1912年在義大利蒙德拉戈內大學圖書館發現的古文書。這是過去神聖羅馬帝國皇帝魯道夫二世購買的東西，曾由布拉格大學的賈恩·馬克斯·馬希經手，之後交由學者阿塔納奇歐斯·基爾學解讀，但手稿之後就失去了蹤跡。

本文書共240頁，內容由大量未知文字及彩色插圖構成，乍看之下很像是某種圖鑑或百科全書，但目前仍未有人解讀成功。作者為誰也是眾說紛紜，也有人認為這是為了向魯道夫二世詐騙金錢而寫的虛構作品。

現存213頁掃描後的電子檔在網路上免費公開。

（※1）上帝御前的四大天使之一。尤利爾的名字表示「神之光」或者「神之炎」。
（※2）利用神創造世界時使用的語言（以諾語）施行的魔法。由於迪伊的屋子失火，曾一度消失，後來黃金黎明協會將之復原。

埃里克·揚·哈努森

由納粹之敵轉為希特勒仰賴的大腦。憑藉天生的表演能力及談話能力，為納粹抬頭推了一把的魔法師。

與納粹一起抬頭的第三帝國預言者

在納粹黨崛起的20世紀初期嶄露頭角的德國魔法師。雖然是納粹相當厭惡忌諱的猶太人，卻隱瞞本名及出身潛入納粹黨中，靠著不亞於行旅藝人父親的表演能力負責指導希特勒演說技巧，同時也以預言家身分大為活躍。尤其是演說指導方面相當傑出，加入手勢及身體動作、強而有力的演說方式凸顯出希特勒的魅力，讓人群為他瘋狂，可說確實是充滿魔力。

1933年哈努森贈送茄蔘（※1）給希特勒，預言他將成為總理。這個預言完全命中，因此他和納粹的關係也就更加密切，不過兩個月後他和妻子一同遭到了暗殺。理由眾說紛紜，可能是希特勒認為哈努森的存在太過危險，又或者是他的猶太出身被發現了，目前仍不知真相。

哈努森的生涯

西元年分	年齡	重大事件
1889年	0歲	出生於奧地利維也納，雙親是猶太人，名字是赫曼·史奈德。對周遭的人自稱為丹麥出身的貴族
—	?	和行旅藝人父親巡迴表演，遇到魔術師魯比尼，向他學習魔術
1914年	25歲	第一次世界大戰時從軍。1917年前後開始自報姓名為「埃里克·揚·哈努森」
—	?	戰後以魔術師身分上台表演。隱瞞出身，取得捷克斯洛伐克國籍
1930年前後	?	開始與阿道夫·希特勒往來。之後成為希特勒的演說指導者，也以預言者身分大為活躍
1931年	42歲	收購出版社，發行神祕學刊物《哈努森雜誌》，將收入用來蓋房子、舉辦降靈會等，相當受人矚目
1933年	44歲	預言希特勒將就任總理。希特勒如預言所述掌權，但同年3月24日哈努森被不知名人士綁架，之後發現了他的遺體

（※1）茄科植物，自古以來就是知名藥草，不過根部有致死性的神經毒。有時也被認為是有魔力的植物而被當作魔法材料。英文同名的魔法生物曼德拉草請參照P.176。

艾利馮斯・李維

由聖職人員走進神祕學世界，華麗變身。研究各式各樣的魔法、整合儀式魔術，是近代魔法復興的象徵。

由基督教牧師轉變為儀式魔法集大成者

　　由聖職人員轉為魔法師的法國人。也是知名浪漫派詩人。他原先是聖職人員然後還俗，之後原本打算復職，卻因為過去的著作內容被認定有問題而遭到下獄。他在獄中接觸了神祕學，出獄後就專注於寫作，到了1848年的二月革命（※1）時就完全傾心於魔法。

　　1853年他遵循靈的指導，將自己的本名阿爾馮斯・路易・康斯坦丁改為希伯來風的艾利馮斯・李維，並於次年加入英國的「玫瑰十字會」。他將自己獲得的經驗帶回德國，盡力重建「玫瑰十字會」。1856年出版的著作《高等魔法的信條與儀式》將古代教義、秘術、塔羅牌等學問彙整在「魔法」的名下、作為儀式魔法的原典對現代的魔法界產生相當大的影響。

李維對後世造成的影響

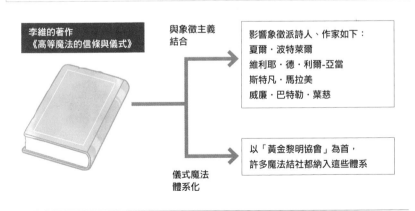

（※1）1789年發生的法國革命餘波，由於發生在2月因此稱為二月革命。

127

卡廖斯特羅伯爵

在共濟會中讓埃及儀禮復活的魔法高手。自稱「伯爵」，卻也被人在背後指稱是絕世詐欺大師、江湖騙子。

究竟是絕世詐欺大師或者近代大魔法師？

　　在革命腳步聲逼近的18世紀法國活躍的魔法師。出生於義大利西西里島，本名為朱塞佩・巴爾薩摩。少年時代被修道院放逐以後，於1776年前往倫敦之際開始自稱「卡廖斯特羅伯爵」。

　　當時他到處向有錢人及貴族們展現自己的魔法，同時賣些奇怪的藥。但在1777年加入共濟會（※1）之後，透過了同時期拿到的古文件發現了埃及式儀禮和象徵體系。他在共濟會中提出埃及起源說，創立了自己的流派埃及共濟會。他也因此得到了神祕學者的稱號，但因為被捲入法國王室的「鑽石項鍊事件」（※2）而因嫌疑入獄。他在被釋放後回到義大利，卻不小心向妻子暴露自己是共濟會成員的事情，遭到審判而死於獄中。

以卡廖斯特羅伯爵作為題材的作品

歌劇《魔笛》、《維也納的卡廖斯特羅》
卡廖斯特羅的行徑被寫入許多藝術作品當中。知名歌劇《魔笛》裡登場的查拉斯特羅的原型人物就是卡廖斯特羅。

電影《亂世美人》
俗稱「項鍊事件」的法國王室醜聞，在2001年以《The Affair of the Necklace》之名（原文名）推出改編電影。

（※1）16世紀後半發起的兄弟會。組織拓展到全世界，目前會員人數超過六百萬人。
（※2）1785年法國王室發生的詐欺事件。一名女性詐欺師謊稱自己是王妃瑪莉・安東尼的朋友，從樞機主教手上騙取了價值160萬盧布的項鍊。首謀者做出偽證、指稱幕後黑手正是卡廖斯特羅伯爵。

克里斯蒂安‧羅森克魯茲

據說是引導人類走向繁榮的祕密結社「玫瑰十字會」創設者的傳奇人物。其遺體經過120年以後依然保持生前的姿態。

創設「玫瑰十字會」，謎團重重的人物

據說是在15世紀初期於德國設立祕密結社「玫瑰十字會」（※1）的人物。組織名稱也是由他的名字而來的，羅森（Rozen）是玫瑰、克魯茲（Creuz）則是十字的意思。

羅森克魯茲生涯成謎，只能從3本被稱為「玫瑰十字文書」的著作窺見其一角。他的人生轉機是在葉門的達卡魯拿到的《M之書》（※2）。他將這本寫有龐大知識資料的書帶回德國，鑽研後學會了裡面的知識與祕密，與3位盟友組成了祕密結社「玫瑰十字會」。順帶一提，他的遺體據說在死後120年也沒有腐壞，就是靠著結社的秘術所賜。

將「玫瑰十字會」的存在公諸於世的3本「玫瑰十字文書」

第一之書《兄弟會的名聲》

1614年在德國卡賽爾出版。除了提到羅森克魯茲的生平以外，也刊載了「玫瑰十字會」的6條教義。

第二之書《兄弟會的信條》

1615年一樣在德國卡賽爾出版。也是讓「玫瑰十字會」廣為世人所知的一本書，內容包含了批判當時教皇的發言，引起相當大的迴響。

第三之書《化學婚禮》

1616年於史特拉斯堡出版。是以羅森克魯茲為主角的小說，雖然採取的是自傳體裁，但實際上的作者是約翰‧凡勒丁‧安德里亞。

（※1）利用鍊金術達到世界與人類的完成，以探究普遍性知識為目的的祕密結社。
（※2）由東方賢者們授予的魔法書。據說蘊含了古代睿智與魔法知識。

科蘭·戴·布蘭西

法國具代表性的惡魔學權威。他發表了與地獄相關的著作，寫明惡魔的樣貌、來歷及社會結構等。

採訪惡魔，撰寫了《地獄辭典》

聞名世界的法國惡魔學者（※1）。本名是雅克·奧古斯特·西門·柯林。年輕的時候在巴黎執教鞭，同時致力於寫作，1818年著作《地獄辭典》問市。這本書收集了各地流傳的超自然神祕現象、迷信、魔法、惡魔等相關傳承，以及相關故事等，不僅是一本神祕學的集大成書籍，也是布蘭西的處女作兼代表作，相當受到好評。

布蘭西之後也還有發表幾本著作，但與此同時也在不動產領域遭遇挫敗。後來他回到故鄉法國，將後半生都用來修訂《地獄辭典》。1863年刊行的《地獄辭典》第6版總共有3799條，當中還出現了看似他自己召喚惡魔並進行訪談的紀錄。布蘭西回到法國以後就改信天主教，可能是因為害怕死後靈魂會被惡魔帶走。

地獄的君主制度

階級	主要惡魔
王	阿斯莫德、薩班、巴爾、貝雷特、普爾森、拜耶蒙、彼列
公爵	艾尼、阿加雷斯、亞斯塔錄、安度西亞斯、安洛先、瓦布拉、華利弗、威沛、埃力格、歐若博司、賈克斯、古辛、格莫瑞、西迪、桀派、佛勞洛斯、巴欽、布涅、佛卡洛、布薩斯、普利凱爾、比利士、毛莫
侯爵	亞蒙、亞里亞斯、安托士、安德雷斐斯、加麥基、錫蒙力、斯伯納克、納貝流士、菲尼克斯、佛鈕司、馬可西亞斯、羅諾比、勒萊耶
伯爵	因波斯、拜恩、薩爾柯司、單卡拉比、巴巴托司、哈帕斯、佛爾佛爾、布提斯、摩拉克斯、勞姆、比夫龍
統領	亞米、瓦拉克、歐賽、概布、蓋因、格剌希亞拉波斯、哈艮地、布耶爾、佛拉斯、瑪巴斯、瑪帕斯
騎士	佛爾卡斯　等

（※1）專門研究惡魔、惡魔、魔神相關考證、分類、體系等的人。

聖日耳曼伯爵

法國社交界中一躍受到眾人矚目的神祕男子。不老不死、時間旅人、鍊金術師等，他的身上圍繞著許多傳聞與謎團。

超越死亡與時間的天才魔法師

18世紀末突然出現在法國的神祕人物。聖日耳曼伯爵能夠流暢使用多種歐洲語言，針對探究鍊金術之奧妙侃侃而談，是相當有魅力的人物。他的身邊伴隨著許多奇妙的傳聞，讓他一躍成為法國社交界的人氣寵兒。

當中最讓人驚訝的就是關於他年齡的傳聞。他活躍於社交界的時候，容貌看起來像是30～40歲出頭，但本人卻說自己已經超過2000歲、也認識所羅門王，還說曾經在16世紀的西班牙王室工作過。另外他不曾在眾人面前用餐一事，也增添其神祕性。1784年在德國死亡後，有人見到他的傳聞仍不絕於耳，或許時間旅人或魔法師等說法並不完全是謊言。

聖日耳曼伯爵相關的各種傳聞

小提琴名家
在造訪法國以前，有段時期在英國倫敦作為小提琴手及作曲家大為活躍。

時間旅人
由於活動期間長達數千年，因此也有人認為他是可自由穿梭時間的時間旅人。

餐點只有藥丸
就算眼前有豪華餐點也不為所動，只吞藥丸。就算有人勸餐，他也只吃一點麵包或麥片。

自稱2000歲
自稱年齡是2000歲。據說詢問他的僕人，僕人則回答：「我只侍奉他300年所以並不確定。」

死後仍有人見到他
1784年以93歲高齡死去後仍不斷有人表示曾看見他，甚至傳聞在中日戰爭期間也有人目睹他的身影。

（※1）詳細參照P.135。

傑拉德・加德納

由沒沒無聞的海關職員轉為魔法界先驅。統整個人研究成果創立魔女宗教「威卡」的中心人物。

獨特的魔女法術體系威卡的創立者

為了復興德魯伊魔法（※1）而不斷鑽研，建立了魔女宗教「威卡」（※2）的體系。在魔法界催生新潮流之人。

加德納原先是英國的海關職員，會建立全新魔法體系與兩個人有關。一個是魔女桃樂絲・克拉塔巴格（※3），她對加德納施行通過儀禮，讓其能夠開始進行魔法活動。另一個人則是20世紀最強魔法師阿萊斯特・克勞利（※4），加德納獲得了他的協助，建構出威卡。他將成果集結為著作《影子之書》以及《今日魔女術》，之後就有許多人蜂擁前來拜師。

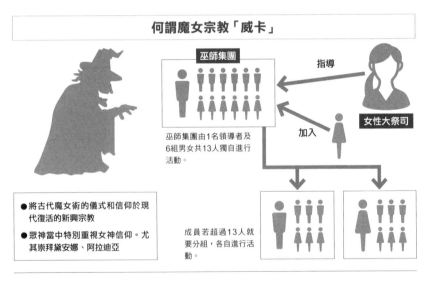

何謂魔女宗教「威卡」

巫師集團

指導

女性大祭司

加入

巫師集團由1名領導者及6組男女共13人獨自進行活動。

● 將古代魔女術的儀式和信仰於現代復活的新興宗教

● 眾神當中特別重視女神信仰。尤其崇拜黛安娜、阿拉迪亞

成員若超過13人就要分組，各自進行活動。

（※1）詳細參照P.100。
（※2）古歐洲的多神教信仰。目標是復興與實踐魔女術。
（※3）據說是魔女集團「新森林女巫集會」的中心人物。對加德納施行通過儀禮。
（※4）詳細參照P.124。

術士西門

靠著空中飄浮、復活死者等秘術集結信徒的撒馬利亞魔法師。想施行神業以對抗奇蹟，最後自毀其身。

在《新約聖經》中提及的撒馬利亞魔法師

幾乎和耶穌同時期、歷史上實際存在的撒馬利亞魔法師。他向眾人展示各式各樣的魔法及秘術、引起人們注目，並且得到信徒。他身為魔法師的名聲可以從《新約聖經》及相關外典中窺見。

西門所展現的魔法包括在空中飛翔、穿越火焰等相當類似魔術的東西，但也曾行過復活死者之奇蹟讓眾人大為驚嘆。西門後來信仰基督教，看到傳教中的彼得及約翰（※1）只將手掩上便能授予精靈的力量此等奇蹟，表示「我想買那種力量」（※2）結果遭到斥責。

有一次西門在皇帝眼前展現他漂浮在空中的技術，並且向彼得挑戰，就在彼得向上帝祈禱後他便從空中掉下來，因而殞命。

術士西門與基督教的對立

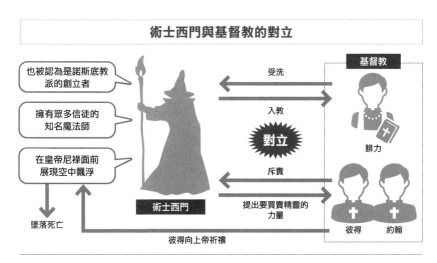

（※1）都是追隨耶穌的12使徒之一。
（※2）後來買賣聖職的行為便由術士西蒙之名衍生出Simonia這個詞彙。

約翰·迪伊

英國具代表性的魔法師之一，隸屬王室的占星術師。透過和大天使尤利爾通訊建立起以諾魔法體系的基礎。

和凱利搭檔，成功與天使對話

　　談到能代表文藝復興時期的英國的魔法師，應該會有很多人想到約翰·迪伊吧。他從10幾歲就對魔法很有興趣，幫上流階級的人占卜也相當受到好評，最後出人頭地成為少年王愛德華六世的宮廷占星術師。之後由於被懷疑是魔法師而身陷囹圄，但他預言了伊麗莎白一世即位，這項精準預測讓他再次回到王宮並獲得寵愛。

　　1582年他與愛德華·凱利（※1）攜手合作，與大天使尤利爾及米迦勒通訊。他把天使的語言寫了下來，建構以諾魔法（※2）體系。在迪伊死後，以諾魔法也被世人遺忘，但後來經由「黃金黎明協會」之手復活，且將其納入自身教義。

與天使對話確立以諾魔法

大天使尤利爾　　愛德華·凱利　　　約翰·迪伊

對話　　傳達

記下天使的語言「以諾語」將

以諾魔法

統整為體系

（※1）詳細參照P.125。
（※2）詳細參照P.112。

所羅門王

實際存在於西元前10世紀的古代以色列王。他以上帝授予的睿智及戒指為王國帶來繁榮，是受人崇敬的偉大國王，同時也是魔法師。

代表猶太世界的大魔法師

古代以色列王國第三任王，建立王國最興盛的時期，被人尊崇為最偉大的王。其優秀的智慧與深遠見識乃是上帝所賜予，根據《舊約聖經》的記載，就算集結埃及所有睿智也比不上所羅門王。

另外他一生撰寫了將近3000本書，當中也包含了對於後世魔法產生巨大影響的書籍。在西元1世紀前後重新編纂的《所羅門之約》中提到他以神所授予的戒指來支配天使和惡魔，以驚人的速度建造出神殿，同時也介紹了當時他所使喚的「36名惡魔」（※1）。這是知名的「所羅門72魔神」（※2）的原型。

所羅門是什麼樣的人？

帶著古以色列王國走上興盛期

雖然是埃及的臣屬國，但是他迎娶法老之女為妻，固守國家並引領國家繁榮。

和梅林齊名的偉大魔法師!?

由於神所賜予的智慧幾乎無人能與之比肩，因此可說是世界上最為優秀的魔法師。

留下3000本著作

他將大量智慧及見識都寫成著作留給後世。當中也包含了被後世稱為魔法書的原型著作。

使用神所授予的戒指差遣惡魔

大天使米迦勒所託付的戒指，讓天使及惡魔都在他的支配下，指揮它們幫忙建造神殿。

（※1）在《所羅門之約》當中出現的惡魔或說是魔神。雖然有提到36號為止的編號，但有些只有編號、沒有名字。
（※2）詳細參照P.163。

迪翁・福春

20世紀初期在魔法界混亂期活躍的女性魔法師。她結合了魔法與精神分析學、引進通訊課程制度等，帶來前所未有的革新。

使用通訊課程推廣魔法的先進指導者

　　在「黃金黎明協會」分裂、眾多魔法結社林立的混亂期中大為活躍的威爾斯女性魔法師。本名是維奧萊特・瑪麗・弗思。她在大學時代專攻心理學，也曾經作為精神分析家執業一段時間，但由於有靈媒的素質，所以在1919年加入「Alpha et Omega」（※1）的倫敦分部。第二年又轉往麥克達格・馬瑟斯的妻子莫伊娜主辦的其他社團，開始正式以魔法師身分進行活動。1924年福春與她在「神智學協會」（※2）認識的成員創設了「內光兄弟會」。她把精神分析學的概念納入魔法之中，同時將其獨特的授課內容以通訊課程這種嶄新方式推廣出去。但在獨立的時候與其師莫伊娜的關係也因此惡化，魔法抗爭到頭來還是分道揚鑣。

與莫伊娜・馬瑟斯的魔法抗爭

　　福春在獨立前後與師父莫伊娜・馬瑟斯的關係開始惡化。此時福春開始遭受魔法攻擊，例如家中會出現巨大的貓、或者有許多黑貓跟著她等。

許多黑貓
侵入自宅

出現老虎
兩倍大的巨貓

莫伊娜・馬瑟斯是誰
魔法結社「黃金黎明協會」的創設者麥克達格・馬瑟斯的妻子。她在丈夫死後負責經營「Alpha et Omega」。由於在與迪翁・福春對抗時使用「黑貓」進行魔法攻擊，因此後來也被稱為「黑貓魔女」、「黑貓使者」。

（※1）「黃金黎明協會」分裂後由麥克達格・馬瑟斯發起的魔法結社。
（※2）近世最大的神祕思想團體。對於魔法界有很大的影響。

提亞納的阿波羅尼烏斯

羅馬帝國時期最偉大的魔法師之一。在印度、埃及、巴比倫等世界各地旅行，在獲得睿智的同時還嶄露了無數的奇蹟。

成就無數奇蹟的羅馬魔法師

1世紀前後活躍於羅馬帝國的新畢德哥拉斯派（※1）哲學家。由於與古希臘數學家同名，因此通常會冠上出身地提亞納來稱呼他。之後因為作家斐洛斯脫拉德的傳記而以魔法師的身分成名。根據書中的紀錄提到他曾展現驅魔、驅退流行病、使死者復活、瞬間移動等各種奇蹟，同時也能使用各種語言，包含與動物溝通。當中最為有名的傳說就是擊退怪物拉米亞（※2）。他在徒弟的結婚典禮上發現新娘的真面目是拉米亞，於是詠唱咒文擊退了對方。

阿波羅尼烏斯後來活到100歲，也有人提到他死後復活又升上天，出現了許多說法。後來魔法師艾利馮斯・李維曾經成功喚出阿波羅尼烏斯的靈魂，並在他的著作《高等魔法的信條與儀式》當中提到這件事情。

阿波羅尼烏斯相關傳説

看破拉米亞真面目
他在希臘科林斯看破了誘惑徒弟的拉米亞（或說是恩普莎）並擊退她。

讓死去的新娘復活
由於可憐在結婚典禮前夕死去的新娘少女，便碰觸遺體使其復活。

能夠理解各種語言
進行5年內不發一語的修行而變得能夠理解包含動物在內的所有語言，意即能夠理解對方思考的事情。

（※1）視畢達哥拉斯的思想及學說為神聖之物的學派。西元前1～後2世紀左右在羅馬廣為流傳。
（※2）希臘神話中半人半蛇的怪物，由於和宙斯私通引起赫拉憤怒而被變成怪物。

德·古埃塔

受到艾利馮斯·李維影響，創立魔法結社「卡巴拉玫瑰十字會」。由於過度探究之心引起大家憤恨，造成結社內分裂及對立。

卡巴拉玫瑰十字會的創設者

19世紀末前後代表法國的實踐派魔法師之一，正式名稱是史坦尼斯拿斯·德·古埃塔。他是侯爵家之子，原先居住在法國與德國交界邊境的塔爾屈伊姆波，為了成為律師而前往巴黎卻耽溺於寫詩，後來接觸到《高等魔法的信條與儀式》（※1）之後便傾心於魔法的世界。

1886年出版了魔法書《於神祕大門前》，第二年和約瑟芬·佩拉丹以及帕普斯結成「卡巴拉玫瑰十字會」。但由於其探究之心旺盛，即使要使用古柯鹼等藥物也毫不猶豫，而不喜歡此情況的佩拉丹便與之分道揚鑣。之後又和實踐性魔法的卡梅爾教會（※2）對立。兩者間的爭執相當激烈，最後發展到宣告要以魔法來處死對方。

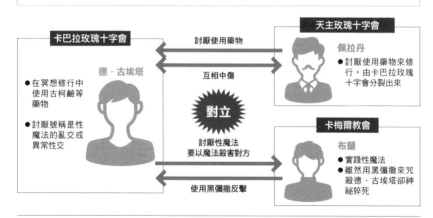

與天主玫瑰十字會、卡梅爾教會的鬥爭

卡巴拉玫瑰十字會

德·古埃塔

- 在冥想修行中使用古柯鹼等藥物
- 討厭號稱是性魔法的亂交或異常性交

討厭使用藥物

互相中傷

對立

討厭性魔法
要以魔法殺害對方

使用黑彌撒反擊

天主玫瑰十字會

佩拉丹
- 討厭使用藥物來修行，由卡巴拉玫瑰十字會分裂出來

卡梅爾教會

布蘭
- 實踐性魔法
- 雖然用黑彌撒來咒殺德·古埃塔卻神祕猝死

（※1）艾利馮斯·李維的著作，參照P.127。
（※2）約瑟夫-安托萬·布蘭主辦的宗教團體。教義中會宣稱要驅魔而食用排泄物，讓信徒們亂交。

尼古拉・弗拉梅爾

解讀《亞伯拉罕書》、求得鍊金術奧妙之人。靠著賢者之石的力量讓夫妻倆都不老不死，據説現在也還活在世上。

將水銀變成金子的傳説級鍊金術師

代表中世紀法國的鍊金術集大成者。除了作為真的成功從水銀變出金子的極少數人之一聞名以外，據説也是《象形寓意圖之書》以及《賢者之術概要》的作者。他會開始研究鍊金術，據説是因為拿到名為《亞伯拉罕書》（※1）的卡巴拉奧義著作。解讀起來相當困難，萬分困擾的尼古拉在妻子建議下前往當時卡巴拉研究十分興盛的西班牙。他在當地遇到了醫師康謝，在對方的幫助下重新開始解讀此書。康謝在半途就倒下了，不過尼古拉最後終於了解奧義，並且成功變化金屬。之後弗拉梅爾夫妻得到賢者之石的力量而不老不死，據説至今仍在某處旅行。關於這對夫妻的傳聞，在小説《哈利波特：神祕的魔法石》當中也有提到（譯註：繁體中文版譯為尼樂・勒梅）。

變出金子、讓人不老不死的「賢者之石」

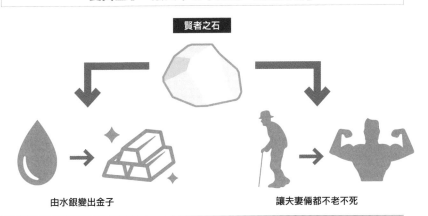

賢者之石

由水銀變出金子

讓夫妻倆都不老不死

（※1）將猶太人預言家亞伯拉罕記錄的古文件翻譯出來的書籍。記載著鍊金術的奧義。

阿格里帕‧馮‧內特斯海姆

相信魔法才是抵達真理的最佳道路，將一生奉獻給卡巴拉研究的人。擁有魔法師、鍊金術師、軍人、法律家等多重面貌。

文藝復興時期具代表性的卡巴拉使用者

　　他的人生大多在旅途上，是在足跡抵達之處都留下傳說的卡巴拉使用者。除此之外他也是提倡四大元素以外還有第五元素的鍊金術師、神聖羅馬帝國的軍人、聖經學的講師等，是擁有多重面貌而才華洋溢的人。

　　於故鄉科隆大學在學時期受到喬瓦尼‧皮科‧德拉‧米蘭多拉（※1）的影響而開始研究卡巴拉。之後曾入伍從軍，又在法國成為講師。但後來他被發現是卡巴拉研究者約翰內斯‧羅伊希林的支持者以後遭到大學放逐。接下來，阿格里帕在義大利成為神學者，又回到法國梅斯取得法律顧問職位。然而由於他拯救了被告發為魔女的女性，因此遭到異端審問會質詢，最後只能返鄉。阿格里帕一生主張「魔法才是抵達真理的最佳方法」。著作《神祕學》（※2）之後也對魔法界產生相當大的影響。

阿格里帕生涯

西元年分	年齡	發生事件
1486年	0歲	於神聖羅馬帝國（現今德國）科隆出生
－	?	入學科隆大學。除了學習法律、醫學、哲學以外也受到義大利哲學家喬瓦尼‧皮科‧德拉‧米蘭多拉的影響而開始研究卡巴拉
1501年	15歲	以軍人身分侍奉神聖羅馬帝國皇帝馬克西米連一世
1507年	21歲	前往法國，在多爾大學教授聖經學，但因為支持卡巴拉研究者約翰內斯‧羅伊希林的學說而遭到放逐。逃到英格蘭
1518年	32歲	在義大利教授神學之後，又在法國梅斯取得法律顧問職位
1520年	34歲	拯救了被告發為魔女的女性而遭到審問會的攻擊，後來回到科隆
1531年	45歲	出版著作《神祕學》
1535年	49歲	於法國格勒諾布爾死亡

（※1）義大利哲學家。有著信奉魔法的神祕主義者面貌。
（※2）一般認為是文藝復興時期占卜及魔法哲學的最高峰魔法書。

帕浦斯

由於被德·古埃塔和佩拉丹提倡的神祕主義吸引而參加「玫瑰十字運動」。
目標是融合魔法與醫術的近代法國魔法醫師。

將神祕學納入醫學的魔法醫師

　　各式各樣魔法結社的創立者或成員，本名是傑拉爾·安納克萊特·文森·恩考斯。大學畢業後他在醫院當助手，後來就傾心於魔法。他將從隱密學古文書《納克托美隆》（※1）挑選出來的「帕浦斯」作為自己的魔法化名，然後開始進行魔法活動。

　　1887年他和德·古埃塔等人創立「卡巴拉玫瑰十字會」以後加入了「神智學協會」，又經手「馬丁主義教派」（※2）的整合與重編，推廣他融合了神祕學與醫學的獨特魔法哲學。留下超過260本著作，當中尤以《隱密學方法論》是對西洋占星術復興有相當貢獻的名著。

帕浦斯與魔法界動向

		「天主玫瑰十字會」成立		「黃金黎明協會」成立				「神智學協會」成立		主要魔法結社動向
1916	1914	1891	1890	1888	1884	1877	—	1875	1865	西元年分
因結核病死亡	在第一次世界大戰中從軍成為軍醫	出版著作《隱密學方法論》		將「馬丁主義教派」統整為組織	加入「神智學協會」但因方針不合而退出	和德·古埃塔、佩拉丹等人設立「卡巴拉玫瑰十字會」	大學畢業後，開始研究獨家魔法		誕生	帕浦斯的活動

（※1）據說是由提亞納的阿波羅尼烏斯撰寫的隱密學文件。
（※2）18世紀前後由馬丁尼斯·德·帕斯卡利設立的基督教派組織。教義包含神祕主義、道德騎士道等。

帕拉塞爾蘇斯

成功製作出萬能物質「賢者之石」的鍊金術師。將鍊金術的知識應用在醫學上，是一位首次把礦物製作成的化合物當成醫療藥品使用的魔法醫師。

留下許多傳說的天才鍊金術師

出生於瑞士的醫師，將礦物使用在醫療的革新者。本名是德奧弗拉斯特・馮・霍恩海姆。乃是鍊金術與天界魔法（※1）的權威，其研究成果與思想為後世的鍊金術師們展現出許多嶄新課題與可能性。

在妝點他生涯的許多傳說中，最有名的就是關於「賢者之石」的話題。據說他成功製作出那個能將水銀或錫變成黃金，只要服用就可以不老不死的萬能物質。另外他也培育出人工生命體人造人（※2），在他的著作《物質本性》當中提到了製作及養育人造人的方法，花費40週以後就能養出一個小小人類，同時書中介紹了人造人的生態，此事引發後續相當大的爭論。而其生涯也是漫畫《鋼之鍊金術師》的背景基礎。

帕拉塞爾蘇斯相關的各種傳說

賢者之石
能夠將卑金屬轉化為貴金屬的萬能物質。如果人類使用其力量便能不老不死。

阿佐斯（Azoth）劍
帕拉塞爾蘇斯持有的短劍。劍柄上嵌著賢者之石，能夠治療被碰觸者的疾病。

人造人
又名「燒瓶中的小人」。是人工製造的生命體，除了帕拉塞爾蘇斯以外沒有人成功製造過。

四大精靈
他否定當時主流的火、風、水、土四大元素說，提倡萬物皆由硫磺、水銀、鹽所構成的三元素說。

（※1）詳細參照P.116。
（※2）雖然剛出生就擁有各種知識，但是無法離開燒瓶生存。

浮士德博士

與帕拉塞爾蘇斯、阿格里帕出生於同時代的魔法師。他和惡魔締結契約後得
到這個世界上所有的快樂，卻讓自己的魂魄永遠在地獄徘徊。

和惡魔交易取得魔力的男人

　　14～15世紀的占星術師，同時也作為醫師、鍊金術師而為人所知。全名是
約翰・格奧爾格・浮士德。他是在海德堡大學取得神學博士學位的秀才，但
有著說大話的不良習慣，因此沒有留下什麼給人好印象的紀錄。60歲前後進
入斯多芬領主麾下積極研究鍊金術，卻在實驗中發生失誤爆炸而死亡，遺體
四散。看見他死狀的人們便傳說他這是「將靈魂賣給惡魔、施行黑魔法的報
應」。這個故事便成為傳說的起源，後來還被歌德寫成戲曲《浮士德》的主
角。傳說中的浮士德聽從以黑狗樣貌出現的梅菲斯特（※1），享盡榮華富貴
高歌人生。另外，據說他也是魔法書《自然魔法與非自然魔法》的作者。

浮士德與惡魔梅菲斯特的契約

死後靈魂

契約

現世快樂

浮士德　　　　　　　梅菲斯特

墮落而對人生感到絕望的浮士德前往維滕貝格的森林
召喚惡魔，應喚前來的惡魔梅菲斯特便與他簽訂契
約。

獲得惡魔的力量，就能夠享受世
界上一切快樂。契約時間是24
年，以下是力量範例。

●可以瞬間移動到世界各國旅行
●可以去天國和地獄參觀
●能夠獲得世界上所有知識
●想要哪個女人都能隨心所欲

契約結束後將浮士德的靈魂帶到
地獄，只留下爆炸後殘破不堪的
遺體。

（※1）只在浮士德傳說中出現的優雅近代風格惡魔。

托勒密

將群星在地球周圍環繞的「天動說」理論完成的天文學家。活用其知識撰寫占星術基本圖書《占星四書》。

對於西洋占星術有重大影響的天文學家

　　活躍於2世紀前半時期的埃及亞歷山卓占星術師，正式名字是克勞狄烏斯・托勒密。

　　他以天動說（※1）為基礎，搭配圓形運動來說明行星的動態，並在其著作《天文學大成》當中整理出系統，因此被稱為「最初的天文學家」。不過對托勒密來說，天文學只是一套基礎，最主要的還是運用它來判斷人或國家命運的占星術。關於占星術，他在另一套著作《占星四書》有詳盡的敘述。雖然當中包含了許多前世紀的占星術詩集《天文譜》的內容，不過因為有學術資料作為背景，因此後來《占星四書》就成為占星術的基本圖書。除了上述作品以外，他還留下了數學、光學、地理學、音樂理論等相關著作。

西洋占星術原點《天文譜》與《占星四書》

《天文譜》
（原書名為《占星術又或天上聖學》）

作者：馬庫斯・曼尼里烏斯
出版：1世紀

古羅馬詩人、同時也是占星術師的曼尼里烏斯所寫的最初占星術書籍。和《占星四書》的最大不同之處在於使用韻文作為表現手法，較具文學性。到近代為止都被視作西洋占星術的基本書籍之一。

《占星四書》
（原書名為《四書》）

作者：克勞狄烏斯・托勒密
出版：2世紀

根據天文學知識撰寫的占星術學術書籍。出版後歷經十幾個世紀都還是西洋占星術的基本圖書，是占星術領域中影響甚大的原典名著。因為在該領域的權威性，讓托勒密之名得以廣為流傳於後世。

（※1）地球是宇宙的中心，周圍有其他天體繞行運轉的學說。

赫密士·崔斯墨圖

據說是智慧與魔法之神轉生又或化身的傳說等級鍊金術師。記載教義的《翠玉錄》和《赫密士文集》寫下了世界的真理。

被稱為「鍊金術之祖」的神人

是將有著朱鷺頭部的埃及魔法師托特和希臘傳令神赫密士（又或者說是羅馬的墨丘利）融合在一起，概念上的智慧之神，又稱為赫密士·托特。在西元前3世紀以前的埃及港灣都市亞歷山卓等地，此神明曾幾次化身為人。在義大利的錫耶納主教座堂的馬賽克畫中，他被描繪為一身潔白，穿戴寬鬆斗篷與三角帽，還有著長鬍鬚的老賢者。其著作《翠玉錄》（※1）的本質是「下之物如上；上之物亦如下」，也就是將魔法根本理念合一。此理念在用希臘語整合的《赫密士文集》當中重視的是睿智，書中同時也描述哲學、占星術、鍊金術、魔法等。

崔斯墨圖名字的由來

眾神的融合

掌管財富與幸運的希臘神明赫密士和掌管智慧的埃及神明托特融合在一起。或許是因為其顯赫威名被後世的鍊金術師繼承後，被視為同一人物？

崔斯墨圖＝「3倍偉大」的意思

- ●托特、赫密士、墨丘利三位一體
- ●3位神明掌管的智慧、語言、學問的融合
- ●看透過去、現在、未來的力量
- ●通曉鍊金術、占星術、神通術
- ●一人兼任聖職人員、哲學家、國王
- ●3次化身為人
- ●由來是形容托特的尊稱「偉大」重複3次
  ……等等

（※1）有傳說指出是被吉薩的大金字塔內的木乃伊握在手裡。

麥克達格・馬瑟斯

魔法結社「黃金黎明協會」的共同創立者之一。讓古老魔法體系在現代復甦，是致力於復興實踐性西洋魔法的傳奇。

「黃金黎明協會」創立者之一

20世紀最大魔法結社「黃金黎明協會」的創設者之一，在現代魔法史上留下偉大足跡的人物。本名為塞繆爾・利德爾・馬瑟斯。將埋葬在歷史黑暗中的亞伯拉梅林魔法（※1）和以諾魔法（※2）、所羅門72魔神等都挖掘出來，並且讓這些資料在現代復甦的有功之人。

在「黃金黎明協會」，他作為其中一名指導者整合魔法教義，除了實踐儀式魔法以外，也致力於翻譯編纂《所羅門王的大鑰匙》（※3）和《術士亞伯拉梅林的神聖魔法之書》（※4）。然而其生活極端窮困，經營結社方面也受到挫折而遭到放逐，生活並不順遂。

馬瑟斯的魔法活動與其生涯

西元年分	年齡	發生事件
1854年	0歲	出生於英格蘭的倫敦
1877年	23歲	加入共濟會
1882年	28歲	在威廉・韋恩・維斯特考特介紹下加入「英國玫瑰十字教會」
1888年	34歲	與羅伯特・伍德曼、維斯特考特一起設立「黃金黎明協會」
1889年	35歲	翻譯編纂魔法書《所羅門王的大鑰匙》
1890年	36歲	與米娜・柏格森結婚（妻子後來改名莫伊娜・馬瑟斯）
1892年	38歲	宣言成功與「祕密首領」接觸（參照P.50）
1897年	43歲	維斯特考特脫離結社、馬瑟斯掌握實權。同年出版《術士亞伯拉梅林的神聖魔法之書》
1898年	44歲	阿萊斯特・克勞利入團
1900年	46歲	遭到「黃金黎明協會」放逐，同年成立魔法結社「Alpha et Omega」
1918年	64歲	在法國巴黎死亡

（※1、※4）參照P.122。
（※2）參照P.112。
（※3）參照P.160。

拉維

由於自身經驗而對基督教的存在方式抱持疑問。於20世紀在美國設立惡魔教團「撒旦教會」，引起相當大的撼動。

開設「撒旦教會」的黑暗教皇

本名是霍華德・斯坦頓・拉維。高中退學後進入馬戲團擔任大型貓科類動物的調教師以及讀唇術師，同時也在酒吧和夜總會登台表演蒸汽風琴。他也漸漸發現那些在星期天上教堂的紳士與淑女，都因為入夜後顯露本性這樣的矛盾所苦。接著拉維在擔任警方攝影師的同時，卻也傾心於神祕學，開始與恐怖小說或SF作家們深入往來。1966年，他在36歲的時候改名為安東・桑達・拉維，設立肯定慾望的「撒旦教會」。隔年，因為新聞報導該團體信徒舉辦婚禮的情況（※1）而使得人們對於當時的社會情勢產生反骨之心、追求自由戀愛的思想成為一股風潮，湧現一批希望加入的人。之後，他於1969年寫出了教條書《撒旦聖經》。

關於獲得大量信徒的「撒旦教會」

●設立與目的

拉維在從事幫舊金山市警局拍攝事件現場的攝影師工作時，曾幾度親眼看見人類死狀悽慘的樣子，因此逐漸懷疑起神的存在，進而開始傾心於神祕學。1966年在瓦爾普吉斯之夜（※2）宣告設立「撒旦教會」。目的是為了將基督教隱瞞長達2000年的虛偽及不合理公諸於世。同時也表示將探究神祕學的技術及知識。

拉維派撒旦主義九條約（概略）

● 撒旦象徵非禁慾之放縱。
● 撒旦象徵非靈夢之實際存在。
● 撒旦象徵非自我欺瞞之智慧。
● 撒旦象徵對值得親切對待者給予親切。
● 撒旦象徵遭到不平就復仇的行為。
● 撒旦象徵對於應負責任者的責任。
● 撒旦象徵作為動物的人類。
● 撒旦象徵所有罪。
● 撒旦是教會的親密友人。

（※1）1967年由撒旦教會主辦，舉行了信徒的撒旦主義結婚典禮，以洛杉磯時報為首的媒體都有相關報導。
（※2）自古以來便有的歐洲異教性祭典。在季節變換的4月30日晚上，魔女會舉辦集會儀式。

拉・瓦森

到處販賣毒藥和墮胎藥等奇怪藥劑，同時也被認為是多起毒殺事件的幕後黑手，在暗地裡活躍的魔女。同時也是被判為大罪人、第一個被火刑裁判所處刑的人。

震撼近世法國的毒殺魔女

本名是凱薩琳・德沙耶。17世紀法國的黑魔法師，以「毒殺魔女」之名流傳於後世的人物。在與寶石商丈夫死別後，曾以占卜師身分工作一陣子，卻在背地裡製造及販賣毒藥、春藥、墮胎藥等奇怪藥品，獲得巨大利益。拉・瓦森不為人知的那一面，據說是被捕的同業者招供出來的。在嚴厲拷問之後，她坦承與多起毒殺案件有關，加上在自家進行殘忍的行為，因此被送去火刑裁判所（※1）處刑，但她一直抵抗到最後，在公眾面前完全沒有告解自己的罪過或者請求寬恕。

然而由於她的顧客包含了許多與王宮貴族親近之人（※2），因此搜查很快就無疾而終，真相也被埋葬在黑暗當中。

逮捕後曝光的多數惡行

●毒藥等物的實驗、製造、販賣

拉・瓦森製造及販賣的除了毒藥以外，還有用來墮胎的藥劑、提高性興奮的催淫劑等。通路甚廣，據說甚至還有出口到國外。

●崇拜惡魔、施行黑彌撒

除了以占卜師身分聆聽煩惱以外，如果有人有相當確實的願望，就會引導對方進行黑彌撒，讓對方參加詭異的儀式。據說從她的屋子裡找到了祭祀用具和人骨等崇拜惡魔的證據。

顧客有許多知名人士和貴族，因此事件真相不明。

（※1）為了將魔女或毒刑犯等重刑犯處以火刑而設立的法庭。
（※2）如路易十四的愛妾蒙特斯龐侯爵夫人。

148

羅·本·比撒列

布拉格的首席拉比，也是求得終極卡巴拉祕術的魔法師，名氣甚高的賢者。
也有許多與神聖羅馬帝國皇帝魯道夫二世相關的傳聞。

催生出魔像的猶太教祭司

16世紀後半，聚集了約翰·迪伊、愛德華·凱利等許多魔法師的波希米亞（捷克西部）的「魔法都市」布拉格，有位擔任猶太教首席拉比（※1）的賢者名為猶大·羅·本·比撒列。他出身波蘭的波茲南，是一位明瞭卡巴拉祕技、數學及天文學的知識分子，相當受到大家重視。經常在皇帝魯道夫二世面前呼喚出出現在《舊約聖經》中的猶太族長們的靈，或者是將憤怒民眾扔出的石頭變成花朵等，留下不少跟魔法師形象相關的傳說。

此外，據說他為了保護被虐待的猶太人而使用莫爾道河的黏土做出的魔像，後來還不眠不休地工作了13年。

比撒列製作的魔像

為了保護被虐待的猶太人而做的

主要材料是河流的黏土

曾因為忘了拿下字母神名（※2）而暴動

名字叫做約翰或約色列

持續活動了13年

機能停止後被封鎖在閣樓房間，之後行蹤不明

還有其他魔像製作者

所羅門·伊本·蓋比魯勒曾在國王眼前分解並且組合魔像。凱爾姆的艾利亞製造的魔像過於強大，只好在惹出事端之前就讓它回歸大地。另外還有幾個魔像製作者，基本上都是拉比。

（※1）猶太教祭司。身為宗教指導者也是聖職人員。
（※2）魔像的動力，又或是控制時不可欠缺的關鍵聖句。

奧丁

北歐神話的主神，掌管戰爭、死亡、知識與魔法。為了獲得知識不惜任何犧牲代價，甚至獻出自己的眼睛和性命。

擅長魔法的北歐主神

穿著黃金盔甲、與女武神們一起奔馳於戰場上的北歐戰神，同時也是主神，但本質是熱中於探究的魔法師。穿戴有兜帽的披風或者用寬緣帽遮住臉部，以蓄著灰色長鬍的老人姿態出現。相傳祂用1隻眼睛作為代價喝下密米爾之泉（※1）的水，獲得大量智慧及知識。

奧丁曾以長槍（※2）自殘，將自己吊在世界樹尤克特拉希爾（※3）上度過9天，從冥界得到了魔法文字盧恩的祕密之後生還。另外也曾接受豐饒女神弗蕾亞（※4）的魔女術指導，學會了變身和飛行。還從巨人族冰霜巨人的國度竊取了咒歌的祕密、以及可讓被打的對手失去理性的魔杖加姆班泰因等物品。

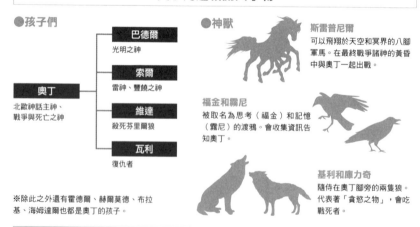

奧丁周遭相關人事物

●孩子們

巴德爾
光明之神

索爾
雷神、豐饒之神

奧丁
北歐神話主神、戰爭與死亡之神

維達
殺死芬里爾狼

瓦利
復仇者

※除此之外還有霍德爾、赫爾莫德、布拉基、海姆達爾也都是奧丁的孩子。

●神獸

斯雷普尼爾
可以飛翔於天空和冥界的八腳軍馬。在最終戰爭諸神的黃昏中與奧丁一起出戰。

福金和霧尼
被取名為思考（福金）和記憶（霧尼）的渡鴉。會收集資訊告知奧丁。

基利和庫力奇
隨侍在奧丁腳旁的兩隻狼。代表著「貪慾之物」，會吃戰死者。

（※1）由巨人密米爾守護的世界樹根源之泉。
（※2）也有一說是絕對不會偏離目標的長槍岡格尼爾。
（※3）內含9個世界，象徵地球及宇宙的樹木。
（※4）愛與美與豐饒的女神。

喀耳刻

傳說之島艾尤島上和動物們住在一起的魔女。擅長藥草學及變身魔法，據說會將造訪島上的人們變成動物或怪物的樣子。

鑽研藥草學的希臘魔女

希臘神話中的魔女又或者是下級女神，特徵是有著美麗的頭髮。具有關於藥草（尤其是草木樹根）及藥物調配的龐大知識，能夠憑藉親手製作的毒物以及魔法讓人類變身或者毀滅，因此被稱為「使人畏懼的女神」或「使用秘藥的魔女」。當中最有名的就是斯庫拉（※1）的悲劇。海神格勞克斯愛上一個叫做斯庫拉的人類女孩，為此前去求助喀耳刻，但喜歡格勞克斯的喀耳刻因為嫉妒就將斯庫拉變成了可怕的怪物。也有傳聞她將甩了自己的人變成啄木鳥等，流傳的盡是些壞事，不過如果她願意的話也能夠讓人獲得美貌。此外，據說她還能透過奉獻牛或黑羊的血來召喚死靈。

喀耳刻擅長的變身魔法

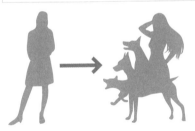

因嫉妒而被變成怪物的斯庫拉悲劇
由於喜歡格勞克斯不成，喀耳刻就詛咒情敵斯庫拉，讓她變成了異形怪物。

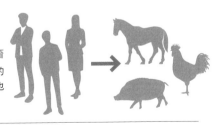

對來客投藥讓他們變成家畜
雖然會將到訪艾尤島的人當成客人招待，但她準備的食物裡面下了藥，吃下的人都會變成聽話的家畜（也可以讓他們變回人類）。

（※1）這個怪物的上半身是人類女性，下半身是長了6個頭部和12條前腿的狗。會攻擊路過的船隻，據說曾殺了6名船員吃掉。

白袍甘道夫

為了幫助那些與黑暗魔君索倫對抗的自由之民而被派遣到中土來的五巫之一。戴著三角帽、留著白色長鬚、手持木杖是他的標識。

對抗魔君索倫的中土賢者

　　J‧R‧R‧托爾金的小說《哈比人歷險記》以及《魔戒》中出現的魔法師，名字的意義是「魔杖之精」。戴著三角帽、有著長長的全白鬍鬚、穿著灰色的長袍，手上拿著木杖。甘道夫樣子完全就是我們概念中的魔法師。雖然外貌看起來像是年邁的人類，但其實真面目是被稱為邁雅的精靈，為了管理並且幫助那些對抗黑暗魔君索倫（※1）的人們而被派遣到中土的五巫（※2）之一。會以他擅長的火焰魔法擊退敵人，有時也會試著逗樂人類。原本是階級比較低的「灰袍甘道夫」，後來在對抗炎魔（※3）、雙方戰到兩敗俱傷之際，由於「白袍薩魯曼」墮落而失去白袍資格，甘道夫復活後得以成為「白袍甘道夫」。在達成自己的使命之後就回到神界了。

甘道夫使用的魔法

自在操控閃光及火焰

並非單純點火，就連煙斗的煙和煙火都能夠自由操控。

使用幻影、心理性詭計威嚇

全身散發淡淡光芒、或者讓對方看見自己巨大化的影像來進行威嚇。如果對方意志薄弱，甚至可以下達命令。

使用閃電、閃光、衝擊波攻擊

手上拿的法杖能夠發出雷擊或伴隨閃光的衝擊波來攻擊敵人。威力甚至可以破壞堅固的建築物。

（※1）《魔戒》中的諸惡根源，製作了能夠統一一切的「至尊魔戒」。
（※2）由主神派遣到中土。除了甘道夫以外，另外還有白袍薩魯曼、褐袍瑞達加斯特以及兩位藍袍巫師。
（※3）反叛的邁雅，被火焰與影子包覆的怪物。與甘道夫對戰的是被稱為「都靈的剋星」的個體。

霍爾

因為「吃美女心臟」的傳聞而遭到畏懼的年輕天才魔法師。牽著蘇菲的手在空中散步的情景擄獲全世界所有女性的心！？

惡名昭彰的帥哥天才魔法師？

　　出自戴安娜·韋恩·瓊斯的奇幻小說《霍爾的移動城堡》的人物，是個在故事中的舞台魔法之國印格利國內赫赫有名、來自威爾斯的青年魔法師。他的體型苗條纖細、有著美麗標緻的中性面貌、一舉手一投足都帶著紳士風格，卻被傳聞會「吃美女的心臟」而遭人畏懼。但其實這只是一種比喻，意指有許多年輕女性都會拜倒在他的魅力之下。他有著非常優秀的資質，就連霍爾的師父、也就是魔法學校的校長蘇利曼等人也指望他成為後繼之人。

　　關於他的才能可以在吉卜力的同名改編動畫《霍爾的移動城堡》中稍加窺見，像是牽著蘇菲（※1）的手在空中散步的場面、或是化身巨鳥戰鬥的場面也相當有魄力，唯一的小缺點就是太過自傲。

霍爾的人際關係

（※1）作品女主角。被荒野女巫詛咒而變成老太太的樣子，負責照顧霍爾起居。

哈利·波特

全世界最有名的魔法師之一。他的魔法讓全世界的人狂熱，可稱為「現代魔法界的超級新星」。

背負著打倒「黑暗魔法師」宿命的少年

　　風靡一世的J‧K‧羅琳小說作品「哈利波特」系列及改編電影的主角。應該有許多麻瓜（※1）由於接觸了少年巫師哈利與其夥伴的活躍而相當憧憬魔法師吧。

　　哈利一出生就背負著「戰勝黑魔王佛地魔」（※2）的宿命。他不幸失去父母卻存活下來，在11歲的時候知道了自己的血統。之後進入霍格華茲魔法學校就讀，經歷了重重考驗之後日漸成長茁壯。由於天資聰穎，13歲的時候就成功使用「護法」咒文，並且在普通巫術等級測驗（※3）的黑魔法防禦術項目拿到「傑出」評價，持續迎向對自身命運的挑戰。

哈利·波特的魔法活動

年分	年齡	發生事件
1980年	0歲	作為波特家的長男誕生
1981年	1歲	父親詹姆斯與母親莉莉由於佛地魔的攻擊而死亡
1991年	11歲	進入霍格華茲魔法學校就讀（神祕的魔法石）
1992年	12歲	解決「密室」事件（消失的密室）
1993年	13歲	得知父母死亡真相（阿茲卡班的逃犯）
1994年	14歲	在「三巫鬥法大賽」中獲得優勝。同年佛地魔復活（火盃的考驗）
1995年	15歲	與魔法部關係惡化（鳳凰會的密令）
1996年	16歲	得知賦予不死力量的「分靈體」存在（混血王子的背叛）
1997年	17歲	與夥伴踏上尋找分靈體之旅。最終決戰打倒宿敵佛地魔（死神的聖物）
－	－	成為史上最年輕的魔法部正氣師局局長

（※1）無法使用魔法的一般人。
（※2）魔法界恐懼的絕對存在。排斥非純血巫師。
（※3）霍格華茲5年級學生必須接受的重要考試，會對將來的出路有很大的影響。

梅林

預言了大不列顛島的未來，引導烏瑟及亞瑟父子坐上王座的大魔法師。以王之左右手身分大為活躍，建立國家基礎。

傳說中侍奉亞瑟王的魔法師

　　6世紀威爾斯的預言家兼幻術師。在12世紀的《不列顛諸王史》（※1）當中提到暴君沃蒂根找到了他，而他預言了國家的未來，之後引導烏瑟‧潘德拉貢登上王位，並且為其子亞瑟提出各種建議。在15世紀的《亞瑟之死》（※2）當中提到他將失去寶劍的亞瑟帶到妖精之湖的貴婦身邊，拿到了王者之劍。另外他也預言了出生場所不明的亞瑟私生子將毀滅國家，因此建議將當天出生的孩子全部殺死，有著相當冷酷的一面。有一次因為他迷上了湖中貴婦的仕女寧薇，拚命想把她追到手，結果被活埋在石頭下，如同自己的預言那樣死去。

與梅林相關的傳說

原型是實際存在的人

原型是威爾斯的吟遊詩人米爾丁‧威斯爾特。由於主君在戰爭中殘忍無度而受到精神上的打擊，成為森林中的隱者後得到了預言能力。

夢魔的孩子

在《不列顛諸王史》中提到他是南威爾斯的公主與夢魔又或者是天使生下的孩子。

派人建築巨石陣

在《不列顛諸王史》中提到烏瑟的兄王奧勒里安努斯在毀滅沃蒂根後請梅林占卜，然後派人從愛爾蘭搬了巨石來建造勝利紀念碑，就是大家都知道的巨石陣（※3）。

（※1）由聖職人員蒙茅斯的傑佛瑞統整的歷史故事。
（※2）騎士湯瑪斯‧馬洛禮編撰的亞瑟王紀錄和圓桌武士故事合集。
（※3）實際上是西元前2000年以前的遺跡，因為過於宏偉而被當成了梅林的事蹟。參照P.25。

瑪納諾・麥克・列

掌管航海的凱爾特海神。擅長魔法與治療，在圖哈德達南戰敗之時幫助祂們，教祂們隱身的魔法。

擅長魔法與治療的凱爾特海神

　　凱爾特神話中掌管航海、通訊、漁業的神明。其樣貌是銀髮、身穿黃金鎖子甲與五彩繽紛的魔法披風。只要掀掀披風就能變身為海鳥或青鷺、或者變成人眼無法見到的存在。有時會引起暴風雨、或切斷人類之間的羈絆。名字當中的麥克・列是「海之子」也就是海神的意思，瑪納諾則是源自位於大不列顛島與愛爾蘭之間的海峽愛爾蘭海上的曼島。曼島過去曾被認為與時間不會流動的異界樂園相連，而瑪納諾也是該樂園的領主。在同胞圖哈德達南（※1）一族於圍繞愛爾蘭展開的戰爭敗給人類的時候，將祂們帶到樂園中，並授予祂們在敵人面前隱身的魔法。

瑪納諾・麥克・列的魔法工具

弗拉加拉赫

意思是「報復者」。絕對不會偏離目標的劍。還有一說是用此劍斬殺者絕對無法存活。

鎮波號

可依照持有者意志在海上或陸地上航行的船隻。

真實聖杯

擁有能夠看穿謊言力量的魔法杯。如果說3次謊就會損毀，說3次真話就會恢復原狀。

火焰盔甲

在航海中能夠照亮海面的盔甲。也被稱為「黃金盔甲」。

（※1）愛爾蘭的主要神族。母神為女神達奴。

美狄亞

精通藥學的科爾基斯公主。只要妨礙自己的戀情，就算是家人，她也不會輕饒，是個為愛瘋狂的魔女。

對魔法藥草特別精通的科爾基斯公主

她是希臘神話中登場的科爾基斯（現今東歐的喬治亞西部）的公主，特徵是閃爍著金色光芒的眼睛。名字的意義是「策士」。她是太陽神海利歐斯的孫女，也是魔女喀耳刻（※1）的外甥女。由魔女的女神黑卡蒂授予一切魔法與藥草的知識，其魔法能夠鎮壓兇猛狂暴的龍、讓人返老還童、甚至能夠自由改變星星運行。另一方面，她也是聞名的絕世惡女。她愛上造訪科爾基斯的英雄伊阿宋（※2），為了幫助他而殺死自己的弟弟，然後就跟伊阿宋私奔了。在那之後，她又殺死自己的叔叔和伊阿宋的外遇對象、甚至連自己生的孩子都殺了。為了貫徹愛情而不惜犧牲任何代價的無情樣貌，只能說是為愛瘋狂。

美狄亞擅長的魔法

藥草學與藥學權威

原先是侍奉黑卡蒂神殿的巫女，由黑卡蒂授予一切藥草與魔法相關知識。

以戀愛魔法操控女神

為了暗地裡進行祕密研究，對月亮女神施以戀愛魔法引導她來到地面上約會，藉此隱藏天上的月亮。

讓龍也睡著的睡眠魔法

為了幫助要拿到金羊毛皮的伊阿宋，她獲得睡眠之神修普諾斯的幫助，讓守護毛皮、名為拉頓的龍睡著。

（※1）參照P.151。
（※2）為了取得金羊毛皮而從色薩利前來的阿爾戈探險隊隊長。

維納莫寧

芬蘭無人不知無人不曉的傳說英雄。其歌聲與演奏當中帶有魔力，是引發無數奇蹟的吟遊詩人。

擁有魔法歌聲的芬蘭英雄

在芬蘭民族史詩《卡勒瓦拉》（※1）中登場的建國英雄，是能透過帶有魔力的歌聲引發各種奇蹟的吟遊詩人、通靈者又或者是神明。由於他在母親風之女神伊爾瑪達爾體內待了730年，因此出生的時候已經是老人的樣子。他並不喜歡過於直來直往的戰鬥，盡可能用咒歌來解決事情。雖然很喜歡使用傳統弦樂器康特勒琴（※2），不過他手上的那把是用金梭魚的下顎骨作為基礎特製的，其音色帶有魔力，其他人無法使用。他的演奏能夠吸引人或動物，觸動他們的心，此外還能讓對象睡著、驅除疾病、掀起波浪、打造渡海用的船隻、召喚精靈等，能做各種事情。

維納莫寧的傳説故事

歌聲力量引發地震

如果在歌中加入怒氣，那麼湖水就會宛如噴泉般濺起、大地也會激烈晃動。

自己用金梭魚製作樂器

他用自己捕到的大型金梭魚下顎骨當成琴身材料、以馬毛為弦，自己打造出樂器。

召喚1000位士兵

為了對抗魔女羅希，他召喚了將近1000人士兵、編列為軍隊。將對方手下的怪物擊退。

（※1）由醫師埃利亞斯・倫羅特編輯民間傳説而成。
（※2）芬蘭的弦樂器。和日本的琴有點相似，根據不同用途，琴弦數量有5～40弦。

第5章

魔法相關
附錄

魔法書一覽

記載了咒文、儀式步驟、魔法工具製作方法等相關主題的書籍。
有些意外的書籍其實也具有魔法書性質。

所羅門的小鑰匙／Lemegeton Clavicula Salomonis

　　最有名的就是第一章〈Goetia〉寫著據說是古代以色列第三代國王所羅門差遣的72魔神的資料。基本資訊請參考P.78，以下介紹書中所寫的魔神召喚方法。此外，儀式中使用的魔法圓和三角陣請參考P.93。

　　首先根據要召喚的魔神在固定的時間穿戴白色法衣、劍、王冠，詠唱咒文獲得神的保佑。然後以短劍或鐮刀在地面上描繪魔法圓和三角陣。魔法圓是將鐮刀刺在地面上，用繩子綁好短劍後以使用圓規的方式畫圓。在描繪的過程中要持續念誦《舊約聖經》裡面〈詩篇〉的句子。描好法陣以後就站在魔法圓中央，唱誦該魔神需要念的咒文，讓它現身在魔法圓外。如果失敗的話就繼續念咒文，還是沒有出現的話就念預先準備好的其他咒文。

　　召喚（喚起）成功、向對方打招呼的同時要留心每位魔神有不同的限制事項。需要的話就把束縛該魔神用的印章拿出來，使它屈服、被束縛於三角陣中。等到要求結束後，允許魔神退出，讓它回去地獄或者異界之類的地方。

　　最後向讓自己能夠驅使魔神的神明獻上感謝的祈禱，再次清淨自身後離開魔法圓。這樣儀式就結束了。

《律法之書》／Liber AL vel Legis

　　1904年阿萊斯特·克勞利透過妻子蘿絲在埃及接觸了名為愛華斯的守護靈，接收了許多對方告知的事情，將其整理為新世紀福音書《律法之書》。內容雖然非常困難，但根本思想是「依汝之意志行事，此即為『律法』的一切」，後來成為克勞利主辦的「泰勒瑪教」的根本經典。

《赫密士文集》／Hermetica

　　整合赫密士·崔斯墨圖教誨（赫密士學）的多部書籍。主要是談論哲學與宗教、共17卷的「赫密士選集」，不過埃及的初期基督教集團留下來的拿戈瑪第經集有一部分也被分類於此。除此之外還有一些談論占星術、鍊金術、魔法的不完整資料。在《天使拉結爾之書》當中也有提到赫密士，影響甚巨。

160

《光輝之書》／Zohar

舊約聖經最初的5個篇章〈摩西五經〉的注釋書，目的是以卡巴拉方式理解經書內容，是於13世紀後半在西班牙東北部加泰隆尼亞發現的。是將先前零星的20種文獻整合的內容，為猶太教神祕主義基本文獻。內容主要是關於生命之樹賽費洛特的解釋，同時附加原始人類亞當‧加達蒙的創造以及命運論。

《大奧義書》／Le Grand Grimoire

一般認為是在18世紀編纂的書籍，特點是記述地獄上位階層。因為主題是召喚地獄宰相路西弗格‧羅佛卡雷，因此這本書的起源也被假託為所羅門王。如果儀式順利，負責掌管這個世界上所有財富的路西弗格就會定期為召喚者帶來財富。同時書中也有附上相關咒文以及魔杖的製作方式。

《天使拉結爾之書》／Sefer Raziel HaMalakh

大天使拉結爾的名字代表「神的祕密」，因此原先是寫有這個世界上所有祕密的書籍，交付給最初的人類亞當之後，一路傳承到所羅門的時候被整理為總計7卷的套書。實際上真正成書是在13世紀前後。第1卷主題是占星術、第2卷是礦物及動植物、第3卷是香、第4卷是時間、第5卷是淨化、第6卷是天界、第7卷則是德與奇蹟。

《咒歌之書》／Galdrabók

1600年前後的冰島文獻。由3名冰島人和1名丹麥人編纂完成。記載著關於守護、招運、找到小偷、達成戀愛、昏睡、不可視、放屁等47個咒法。除了羅馬拼音和盧恩文字以外，有一部分被稱為咒歌文字，描繪的是強化咒法的特殊圖形。

慕尼黑降靈術手冊／Liber incantationum, exorcismorum et fascinationum variarum

德國慕尼黑巴伐利亞州立圖書館所藏的拉丁語文獻。是在15世紀完成的312頁大作。記載著幻術、操控人心、預知、千里眼、降靈、召喚魔神等術法。也提到以11位魔界有力貴族為首的各種靈性存在。同時還有很多施術不可或缺的防護圓、束縛用祈禱文、獻祭的方法等。

教宗和諾理的奧義書／Le Grimoire du Pape Honorius

由於是假託13世紀初期羅馬教宗和諾理三世撰寫的書籍，因此內容是借用基督教的聖父、聖子、聖靈三位一體的力量。書籍完成於17世紀。目的在於召喚可以對應一星期7天給予不同恩惠的魔神，為首的便是星期一的路西法。準備工作要先召喚統領東南西北的四魔神，必須依照一定步驟。

死者之書／Rw Nw Prt M Hrw

古埃及語的意思是「為求於日光下現身之書」。是讓死者復活的圖解手冊，畫在莎草紙上然後和木乃伊一起放進棺材裡。亡者死後心臟會在冥界被放上天秤，比「真實羽毛」重的話，心臟就會被怪物阿米特吃掉，無法復活。為了幫助這些死者，上面也記載著能夠產生水和食物、消災、變身等用途的咒文。

梅澤堡護身符／die Merseburger Zaubersprüche

10世紀德國的基督教聖職人員寫在典禮書籍空白處的咒文。只由兩個咒文構成。分別有「讓被捕捉的戰士自由」以及「治療傷馬」的效果，兩者都是7行的咒歌。前5行是宛如擷取北歐神話中一段場面的情景描寫，後2行則是可指望產生效果的咒文本體。

死靈之書／Necronomicon

原文的意思是「死者之歌」，出現在作家霍華德‧菲利普斯‧洛夫克拉夫特的克蘇魯神話系列作品中。作者是8世紀前半的阿拉伯人阿卜杜‧阿爾哈茲萊德，一開始被稱為《Al Azif》也就是「夜之魔物／蟲之聲」的意思，是將近800頁的大作。曾被翻譯成希臘文，由約翰‧迪伊譯成英文。據說只要閱讀就會陷入瘋狂。

聖經／Holy bible

聖經雖然是猶太教／基督教／伊斯蘭教的經典（譯註：伊斯蘭教認可聖經中的部分內容），但也被神祕主義者當成輔助自己魔法的書籍，活用在儀式等處。對於驅魔師來說，這也是不可或缺的武器、好幫手。對一般人來說，為了防止魔女攻擊等也可以放在枕邊。美國總統進行就職宣言的時候也會將左手放在聖經上，這也是一種神聖的誓言儀式。

所羅門72魔神一覽

以下解説所羅門王差遣的72位魔神特徵。
魔神所教授的自由七科是指文法、修辭、邏輯、算數、幾何、天文、音樂。

■各資料瀏覽方式

名字

率領軍隊數量

魔神階級。也有人隸屬多重階級。每個階級有各自的護身符材質、也有固定能夠束縛的時間帶。參照P.93。

如果沒有能夠提供使魔的敘述，就標記「無」，有的話就會寫出使魔的性質。

序列。表示被所羅門王封印的順序。

1	**Baël** 巴爾	軍團：66 階級：王 使魔：無

貓、蟾蜍、人類男子，或者同時變異成以上全部的樣貌。說話聲音相當沙啞，能將召喚者變成不可視。

2	**Agares** 阿加雷斯	軍團：31 階級：公爵 使魔：無

騎著鱷魚、優雅地讓大老鷹站在自己的手上、看來相貌秀麗的老人。擅長語言學，會追捕逃亡者、使權威者威嚴墜地、引發地震等。

3	**Vassago** 瓦沙克	軍團：26 階級：大公 使魔：無

據說和阿加雷斯外觀相似，不過是個本性善良的老人。通曉過去及未來，能夠找到被藏起來或者丟失的東西。

4	**Gamigin** 加麥基	軍團：30 階級：侯爵 使魔：無

會以小馬或螺子的樣子出現，只要下令就能讓它變成人類的樣貌。通曉自由七科，會以嘶啞的聲音講述背負罪過死去之人的事情。

5	**Marbas** 瑪巴斯	軍團：36 階級：統領 使魔：無

外貌是大獅子，只要下令就能變成人類的樣貌。能夠解明隱瞞之事或者祕密、機械工學的知識。還能造成或治療疾病，或讓召喚者變身。

6	**Valefar** 華利弗	軍團：10 階級：公爵 使魔：自己

有著男人（盜賊）頭部的獅子。出現的時候心情很差。雖然它自己能夠被當成使魔差遣，不過要小心它會唆使召喚者竊盜。

163

7	Amon 亞蒙	軍團：40 階級：侯爵 使魔：無

以尾巴是蛇、口吐火焰的狼樣貌出現，下令可使其變成鴉頭、犬齒銳利的男人。通曉過去與未來，能帶來愛、讓朋友與敵人都和解。

8	Barbatos 巴巴托司	軍團：30 階級：公爵 使魔：無

帶著四王與大量隨從的森林射手。能夠理解狗等鳥獸的聲音、發現被魔法藏匿的實物、通曉過去及未來、化敵為友。

9	Paimon 拜耶蒙	軍團：200 階級：王 使魔：高等

乘坐在單峰駱駝之上、擁有清麗聲音的王。了解所有藝術、科學及其他祕密，知曉地水風的狀態、予人尊嚴、拘束敵人。

10	Buer 布耶爾	軍團：50 階級：統領 使魔：高等

某些版本的形象為背負著弓箭的半人半馬姿態。通曉哲學與倫理學，藥學優異、特別擅長治療疾病。

11	Gusoin 古辛	軍團：40 階級：公爵 使魔：無

以學者風格的男人姿態出現。通曉過去、現在、未來，能夠理解所有問題並給予解答、讓感情變差的朋友和解、給予名譽及尊嚴。

12	Sitri 西迪	軍團：60 階級：大公 使魔：無

被召喚時會以生有豹頭及大鷲翅膀的男人姿態出現，下令可使其變成美貌之人。能讓男女變得性開放、使其脫衣。

13	Beleth 貝雷特	軍團：85 階級：王、四首領 使魔：無

騎著蒼白馬匹伴隨音樂憤怒現身。一旦被束縛，就必須要滿足召喚者，無論男女都要使對方的戀愛實現。

14	Leraye/Leraje 勒萊耶	軍團：30 階級：侯爵 使魔：無

以穿著綠色服裝的優秀弓手身分受召喚前來。有引發戰爭或爭論的能力，還能讓被弓箭所傷的傷口化膿。

15	Eligor 埃力格	軍團：60 階級：公爵 使魔：無

以帶著騎槍、軍旗和蛇的壯麗騎士樣貌出現。知道被隱藏的事物、未來、戰爭趨勢，可讓召喚者受到諸侯或有力人士的寵愛。

16	Zepar 桀派	軍團：26 階級：公爵 使魔：無

以穿著紅色服裝的武裝戰士樣貌出現。能力是讓男女兩情相悅，但也可以讓其中一方不孕。

17	Botis 布提斯	軍團：60 階級：統領、伯爵 使魔：無

以醜陋的毒蛇樣貌出現，下令可以使其變成手持閃爍光輝的利劍、有兩支角且齒列漂亮的人。通曉過去及未來，可化敵為友。

18	Bathin 巴欽	軍團：30 階級：公爵 使魔：無

乘坐在蒼白馬匹上、以有著蛇尾而強悍的男人樣貌出現。對藥草及貴重寶石都很清楚，可以使人群（部隊）瞬間移動到其他國家。

19 Saleos 塞列歐斯
軍團：30
階級：公爵
使魔：無

乘坐在鱷魚上、頭戴公爵頭冠，以穩重但勇猛的戰士樣貌出現。據有能讓男女之間產生戀愛之心的能力。

20 Purson 普爾森
軍團：22
階級：王
使魔：高等

乘坐在熊上、帶著毒蛇的獅子頭男人。能解開隱密之事、找到寶物，通曉現在、過去、未來。講述神與創世與這個世界的真實。

21 Morax 摩拉克斯
軍團：36或30
階級：伯爵、統領
使魔：高等

有著男人臉龐的巨大公牛。相當賢能，通曉自由七科（尤其是天文），對於藥草和貴重寶石的效果也相當清楚。

22 Ipos 因波斯
軍團：36
階級：伯爵、大公
使魔：無

獅子頭、鴨子腳及兔子尾巴的天使。通曉過去及未來，給予人們機智、使人大膽。

23 Aim 艾尼
軍團：26
階級：公爵
使魔：無

額頭有兩顆星的美男。還長了蛇頭和貓頭，跨坐毒蛇。能給予機智、解開隱密之事、會用手中火把在城市、街道及鬧區放火。

24 Naberius 納貝流士
軍團：19
階級：侯爵
使魔：無

以漆黑烏鴉樣貌現身盤旋，說話聲沙啞。教導人們所有藝術&科學（特別是修辭學）的秘訣，恢復失去的名譽及權威。

25 Glasya Labolas 格剌希亞拉波斯
軍團：36
階級：統領
使魔：無

以長了大鷲翅膀的狗形象出現，流血與殺戮權власть。可以瞬間傳授所有藝術、通曉過去與未來、讓敵對雙方和解、也能授予不可視能力。

26 bune 布涅
軍團：30
階級：公爵
使魔：無

龍身長了狗、大鷲及男人的頭，以略高而魅惑人的聲音說話。能夠從墓中喚醒死者靈魂。給予財富、賢能，雄辯能力，回答問題。

27 Ronove 羅諾比
軍團：19
階級：侯爵、伯爵
使魔：高等

以某種怪物樣貌出現。長於修辭學傳授，也能教導語言學。具備不光是夥伴，就連敵人也能善意相待的能力。

28 Berrith 比利士
軍團：26
階級：公爵
使魔：無

身騎紅馬、戴著黃金冠的紅衣戰士。通曉現在、過去、未來，能將金屬變成黃金、予人尊嚴，但要小心它會說謊！

29 Astaroth 亞斯塔祿
軍團：40
階級：公爵
使魔：無

乘坐在龍與地獄生物身上，帶著毒蛇、口吐毒氣的醜惡天使。教授自由七科，通曉現在、過去、未來，解開祕密。

30 Forneus 佛鈕司
軍團：29
階級：侯爵
使魔：無

巨大的海中怪物。能讓人學會修辭學、可教導語言學、提高名聲、讓人受到朋友及敵人所愛。

31	**Foras** 佛拉斯	軍團：29 階級：統領 使魔：無

以強悍男人樣貌出現。教授藥草及貴重寶石效能、倫理學。可讓人類變成不可視、給予機智、也能使人長命或可雄辯。

32	**Asmoday** 阿斯莫德	軍團：72 階級：王、四首領 使魔：無

乘坐在地獄之龍身上，長了公牛和公羊頭的男人。傳授算數、天文、幾何、機械工學，能使人變成不可視、找到寶物、回答問題。

33	**Gaap** 概布	軍團：66 階級：統領、大公、四首領 使魔：強奪

人類（醫師）外貌。教授哲學及自由七科、能帶來愛恨或無感。能授予從他人處搶來的使魔，在兩國之間迅速運送物資。

34	**Furfur** 佛爾佛爾	軍團：26 階級：伯爵 使魔：無

樣子是尾巴在燃燒的雄鹿，但束縛之後就會變成天使的樣子。能使男女之間的戀情成功，還可以引發暴風雨、強風、閃電及雷鳴等。

35	**Marchosias** 馬可西亞斯	軍團：30 階級：侯爵 使魔：無

現身的姿態是有著大鷲翅膀、蛇尾、口吐火焰的狼。下令可使其成為強悍的戰士，忠實服從召喚者，老實回答問題。

36	**Stolas** 斯托剌	軍團：26 階級：大公 使魔：無

先以夜鷺的樣子現身，也可以變成男人等。天文學知識優秀，可教導召喚者藥草及貴重寶石效能。

37	**Phoenix** 菲尼克斯	軍團：20 階級：侯爵 使魔：無

以不死鳥樣貌出現，會用孩童的聲音甜美歌唱，但束縛之後就會變成人類的模樣。通曉所有科學，能夠發表卓越詩作。

38	**Halphas** 哈帕斯	軍團：26 階級：伯爵 使魔：無

形象是以沙啞聲音說話的野鴿子。會建築塔（或者城鎮）、並使其充滿兵員。也可以從該處直接將部隊送到戰場。

39	**Malphas** 瑪帕斯	軍團：40 階級：統領 使魔：高等

以烏鴉的樣貌出現，下令可使其變成人類姿態。可以快速聚集工人，建造塔或城樓。能摧毀敵人的意志及功績。但要注意它會說謊！

40	**Raum** 勞姆	軍團：30 階級：伯爵 使魔：無

以烏鴉的樣貌出現，下令可使其變成人類模樣。會從王宮盜出寶物、破壞城鎮及人類尊嚴，通曉現在、過去、未來，可化敵為友。

41	**Focalor** 佛卡洛	軍團：3或30 階級：公爵 使魔：無

有著大鷲翅膀的男人。吹風起浪、翻覆軍船、使人們溺死是它的本性，但若希望的話也能讓它住手。

42	**Vepar** 威沛	軍團：29 階級：公爵 使魔：無

樣子為女性人魚。可在水上引路、讓船隻變堅固。還能引發風浪、讓海面充滿船隻幻影、或是讓傷口湧出蛆、在3日內奪取人類性命。

43 Sabnach 斯伯納克
軍團：50
階級：侯爵
使魔：高等

有著獅子頭的強悍戰士，乘坐蒼白的馬匹。能建築塔、城、街道，並填滿兵員。也有能讓傷口湧出蛆使人痛苦的能力。

44 Shax 沙克斯
軍團：30
階級：侯爵
使魔：高等

以沙啞聲音說話的野鴿子。會奪取人的視覺、聽覺及理解能力。會從王宮奪取寶物、掠奪馬匹。能夠解開沒有靈性守護的祕密。

45 Vine 拜恩
軍團：36
階級：王、伯爵
使魔：無

乘坐在黑馬上、攜帶毒蛇的獅子。能夠找出隱瞞的事情、魔女、過去與未來的事物。還能築塔、崩毀石牆、帶來暴風雨等。

46 Bifrons 比夫龍
軍團：60
階級：伯爵
使魔：無

以怪物樣貌出現，能強制讓它化為人類樣貌。教授天文、幾何等科學，以及藝術、藥草、貴重寶石。可移動遺體、點亮墓地燈火。

47 Vual 瓦爾
軍團：37
階級：公爵
使魔：無

以單峰駱駝的樣貌出現，如果變成人的樣子就會說不完整的埃及話。通曉現在、過去、未來，能讓人獲得女性的愛與敵人的好意。

48 Haagenti 哈艮地
軍團：33
階級：統領
使魔：無

以有著大鷲翅膀的強壯公牛樣貌出現，下令可使其變成人類姿態。傳授多種知識與賢能。能將其他金屬變成金子、互換水與紅酒。

49 Crocell 克羅賽爾
軍團：48
階級：公爵
使魔：無

以天使姿態出現。能暗示隱晦之事、教授自由七科（尤其幾何）。可產生如流水轟然聲響的幻聽。也能煮熱水、準備泡澡用的水。

50 Furcas 佛爾卡斯
軍團：20
階級：騎士
使魔：無

攜帶銳利武器，乘坐在蒼白馬匹上，頭髮和鬍鬚都很長、長相苛刻的老人。能夠完美教授哲學、天文、修辭、邏輯、手相、火占術。

51 Balam 巴拉姆
軍團：40
階級：王
使魔：無

乘坐在猛熊上、手上停著大鷹、生有蛇尾、公牛和公羊頭且雙眼燃燒的男人。通曉現在、過去、未來，能賦予不可視及機智。

52 Alloces 安洛先
軍團：36
階級：公爵
使魔：高等

乘坐在戰馬上，有著如獅子般大紅色臉龐的強悍戰士，雙眼燃燒。雖然略為沙啞卻聲如洪鐘，能教授自由七科（尤其是天文）。

53 Caim 蓋因
軍團：30
階級：統領
使魔：無

以斑鶇樣貌出現，可化為拿著利劍的男人。擅長爭論。回答有如燃灰。可以告知牛、狗等鳥獸的話語和水聲的意義，也能提點未來。。

54 Murmur 毛莫
軍團：30
階級：公爵、伯爵
使魔：無

騎著大鷲、帶著公爵頭冠的戰士。有兩名吹奏喇叭的侍從。能完美教授哲學，也能拘束死者靈魂、帶到召喚者身邊。

55	**Orobas** 歐若博司	軍團：20 階級：大公 使魔：無

以馬的樣子出現，下令可使其變成男人。通曉現在、過去、未來。能給予尊嚴和高階聖職、化敵為友、逼退其他靈的誘惑。

56	**Gemory** 格莫瑞	軍團：26 階級：公爵 使魔：無

騎著巨大單峰駱駝、頭戴公爵頭冠的美女。通曉現在、過去、未來。會告知被隱藏的寶物所在，可讓人得到無論老少的女性的愛。

57	**Ose** 歐賽	軍團：31 階級：統領 使魔：無

以豹的樣子出現，可以化作男人。教導自由七科，能解開神及隱藏之事的真相。可將人根據召喚者希望改變其樣貌及相對應之思考。

58	**Amy** 亞米	軍團：36 階級：統領 使魔：高等

以熊熊燃燒的火焰姿態出現，可化作男人等樣貌。能深入教導占星術與自由七科，就連受靈保護的寶物都能揭露。

59	**Orias** 歐里亞斯	軍團：30 階級：侯爵 使魔：無

乘坐於悍馬上、右手有兩條威嚇人的大蛇、有著蛇尾的獅子。會傳授星星的意義、讓人變身、賜予尊嚴與聖職、化敵為友。

60	**Vapula** 瓦布拉	軍團：36 階級：公爵 使魔：無

有大鷲翅膀的獅子。對各種機械工學、哲學、各式科學相關領域都相當清楚，可教導這些知識。

61	**Zagan** 撒共	軍團：30 階級：王、統領 使魔：無

外觀為長了大鷲翅膀的公牛，也會變成人。賜予機智、讓愚者成為賢者，還能將金屬轉換為當地貨幣、把紅酒與水與血互相變換。

62	**valac** 瓦拉克	軍團：30 階級：統領 使魔：無

騎著雙頭龍、有天使翅膀的少年。能告知寶物的藏匿處所，也能告知蛇的所在之處並使其無力化後帶到召喚者身邊。

63	**Andras** 安托士	軍團：30 階級：侯爵 使魔：無

腳跨兇猛的黑狼、手持銳利而閃閃發光的劍，有黑色夜鶯頭的天使。灑下不和種子，如果不加以應對，會讓召喚者和夥伴互相殺戮。

64	**Flauros** 佛勞洛斯	軍團：36 階級：公爵 使魔：無

豹的外貌，束縛後會變成雙眼燃燒的男人。通曉現在、過去、未來、神、創世及其他靈。會破壞並焚燒敵人、逼退其他靈的誘惑。

65	**Andrealphus** 安德雷斐斯	軍團：30 階級：侯爵 使魔：無

隨著爆炸聲以孔雀的樣子出現，可以變成人。完美教授幾何、測量相關的學問及天文。能讓人變得纖細、狡猾，或變身為鳥。

66	**Cimeies** 錫蒙力	軍團：20 階級：侯爵 使魔：無

身騎黑馬的勇猛戰士。統御非洲一部分靈。教授文法、修辭、邏輯。能發現隱藏的寶物或事物，也能讓人看起來相當勇猛。

| 67 | **Amduscias**
安度西亞斯 | 軍團：29
階級：公爵
使魔：高等 |

獨角獸的樣貌。若召喚者下令就會伴隨著音樂變成人類的樣子，可依命令彎曲或傾斜樹木。

| 68 | **Belial**
彼列 | 軍團：80
階級：王、四首領
使魔：特級 |

駕駛火焰戰車、聲音及外貌都美麗的天使。若沒有束縛，就會在1小時內不斷說謊。獻上祭品可以得到議員給予方便或者敵人的寵愛。

| 69 | **Decarabia**
單卡拉比 | 軍團：30
階級：侯爵
使魔：無 |

以五角星的樣子出現，下令後可以變成男人。通曉藥草及貴重寶石。可以讓鳥兒自然飛翔、停留、歌唱、啄東西。

| 70 | **Seere**
系爾 | 軍團：26
階級：大公
使魔：無 |

騎乘天馬的美男子。善良、爽朗、忠實且彬彬有禮。可以找出被偷走的東西或隱藏的寶物。能讓物資瞬間移動到世界任何一處。

| 71 | **Dantalion**
但他林 | 軍團：36
階級：公爵
使魔：無 |

右手拿著書、有著無數男女面孔的男人。教授所有科學與藝術。帶來愛。可以讀取所有人類的思考並且變更，也能在需要的場所投影。

| 72 | **Andromalius**
安杜馬利烏士 | 軍團：36
階級：伯爵
使魔：無 |

帶著蛇的男人。會抓小偷、取回被偷走的東西。可以發現不法和黑市交易、處罰所有小偷及惡人、找到被藏起來的寶物。

還有第73位魔神？

在舊約聖經〈列王紀上〉11章中描述所羅門對於「21號摩拉克斯」和「29號亞斯塔祿」前身的異教眾神相當寬容。

在《塔木德》的〈Gittin〉68章提到為了解決建設神殿這個難題，所羅門召喚了許多魔神來商量，最後抓住了「32號阿斯莫德」並請它幫忙。

阿斯莫德在1世紀以後寫成的偽典《所羅門之約》當中也有出現，不過更早出現的「decan（每10度方位）的36魔神」更為重要。因為這個數字兩倍就是〈Goetia〉的72魔神了。

這兩個數字橫跨了東西方。在《水滸傳》中也有天罡三十六星、地煞七十二星，合計就是煩惱之數108。

將一年這個圓周每5天劃分為一個季節的「七十二候」也是基於相同的思考方式。

72在卡巴拉的觀念中是七十二字母神名，也就是每5度的天使數量。各天使正好對應到〈Goetia〉的72魔神。

1563年的《萬魔殿》一書中介紹了幾乎與〈Goetia〉相同的69位魔神，但是敘述內容和編號都不一樣，兩書的源頭似乎都是已經散失的早期文獻（有些人指出書名可能是《精靈權能》或者《魔神之王大公所羅門弟子》之類的）。而《萬魔殿》當中沒有「3號瓦沙克」、「70號系爾」、「71號但他林」、「72號安杜馬利烏士」，卻多了一位〈Goetia〉裡面沒有的普魯弗拉斯（或稱普薩斯）。它在《大奧義書》中被記載為普魯弗拉斯，以下當成補充資料介紹。

| 73 | **Pruflas/Busas**
普魯弗拉斯／普薩斯 | 軍團：26
階級：大公、公爵
使魔：無 |

夜鷹頭部、被火焰包裹的存在。會散播虛偽、不和、爭執、戰爭，但它無法進入神聖的場所。能夠回答召喚者所有問題。

魔法生物一覽

因魔法而誕生的生物，又或者是居住在魔法世界的住民。
本書當中一概稱為「魔法生物」，以下介紹幾個比較主要的。

小惡魔（使魔）

作為魔女僕人
為大家所熟悉的小小惡魔

英文：Imp
種類：惡魔、妖精
起源：歐洲傳承
相關項目：P.163

　體長約10～100公分左右的小型
妖精或惡魔。特色在於相對於細瘦
的手腳，有著突出的腹部，另外還
有尖銳的耳朵及前端為鉤子狀的
尾巴。它們作為魔法師的使魔而為
人所知，但基本上都有些邪惡且狡
猾，非常喜歡惡作劇。

狼人

喜歡滿月的半人半狼

英文：Werewolf、Lycanthrope
種類：獸人
起源：東歐傳承、北歐神話
相關項目：P.60

　平常是人類的樣貌，擁有在特定條件下變成狼或者是半人
半狼獸人的變身能力。有些是先天就具備變身能力，也有因
為魔法或詛咒而變身者，還有與能力者接觸而感染成為狼人
的案例。大多數是在興奮狀態下會變成狼人，因為看到滿月
而變身也是固定情境。

石像鬼

裝成石像的樣子、全年無休的警備人員

> 英文：Gargoyle
> 種類：魔法生物
> 起源：法國傳承
> 相關項目：一

　　模仿惡魔的樣貌打造的雨漏雕刻或石像，透過魔力而獲得生命。原文名字的由來是雨水流過時所發出的咕嘟聲響。最大的優點是靠魔法運作所以不需要吃東西或休息，一直待在原地就和石像沒有兩樣，不容易被敵人察覺。因此在城垛等重要設施中被視為相當重要的防範入侵者對策。要注意物理攻擊可能無效！

奇美拉（合成獸）

獅子、山羊、蛇的合體，來自神話的合成魔獸

> 英文：Chimaira
> 種類：魔法生物
> 起源：希臘神話
> 相關項目：一

　　在史詩《伊利亞德》當中提到奇美拉最前面是獅子、正中間是山羊、後方是大蛇，模樣有點讓人難以理解。後來逐漸被描繪出的形象是頭和身體為獅子、頸部之處長出山羊頭、而尾巴則是巨大毒蛇。口中吐出的火焰溫度相當高，據說連鐵都能熔化。最好當成是3隻怪物來謹慎對付。

四大精靈（沙羅曼達、西爾芙、溫蒂妮、諾姆）

與自然共存的四大元素精靈

英文：Elemental
種類：精靈
起源：帕拉塞爾蘇斯《精靈之書》
相關項目：P.90、P.142

　各自掌管火、風、水、土4個元素的精靈。容貌和特性都獨具個性。一般認為西爾芙（風）和溫蒂妮（水）是美麗的女性，有時候會與人類談戀愛。諾姆也是人類的樣子但看起來像個老人，而且只有15公分左右高。沙羅曼達（火）則是全身被火焰包覆的小小蜥蜴，居住在熔岩之中。

鎮尼（神燈精靈）

阿拉伯民間故事當中可以自在變化的精靈

英文：Jinn、Genie
種類：精靈、魔神
起源：古蘭經
相關項目：P.135、P.185

　最有名的就是以《天方夜譚》為首的中東民間故事和傳承中出現的魔神。受到動畫等影響，很多人認為它們的外貌是藍色皮膚身材健壯的男子，但原本應該是類似風或者煙、眼所不能見的存在，因應需求才會變化成各式各樣的實體。並非所有鎮尼都對人友善，也有很多個性不好的鎮尼會附身在人類身上使他們發狂。

史萊姆

由創作中誕生的神祕不定形生物

> 英文：Slime
> 種類：魔法生物
> 起源：約瑟夫・佩恩・布倫南《沼怪》
> 相關項目：—

　　果凍狀又或者粘液狀的不定形生物。在不同作品中可能被稱為blob、amoeba、Ooze、Jelly、Shoggoth等，名字五花八門。其能力與特徵各異，雖然它在遊戲等創作中常作為最弱小的怪物而為大家所熟悉，但其實地可以融化武器或盔甲，物理攻擊對它無效，還能同化自己接觸的生物等，擁有許多非常麻煩的性質，是相當棘手的敵人。

殭屍（德拉古爾）

恐怖作品或奇幻作品中最常見的「行走屍體」

> 英文：Zombie、Draugr
> 種類：不死
> 起源：巫毒教、北歐傳承
> 相關項目：P.106

　　因為某些原因而使屍體復甦、到處徘徊。起源是巫毒教將屍體變成奴隸的儀式，後來轉變為由於死人使者的魔法或者不明病毒造成等五花八門的解釋，特性也不斷產生變化。如果遭受它們攻擊就會受到感染，被同化成殭屍。在巫毒教的殭屍出現以前，同樣的東西在北歐被稱為德拉古爾。

龍

持續君臨奇幻界頂點的最強生物

英文：Dragon
種類：幻獸、魔法生物
起源：歐洲傳承、神話
相關項目：一

　　巨大的爬蟲類又或者是形似肉食恐龍樣貌的魔法生物。從體高數公尺到數十公尺的大型種都有，全身覆蓋著強韌的鱗片。這種宛如巨大裝甲車的生物自由在天空中飛翔，普通人根本無力抵抗。擁有相當高的智慧、能理解人話，也有不少會使用魔法的類型。

人魚

在水中過著如魚般的生活，
半人半魚的獸人

英文：Merman、Mermaid
種類：獸人
起源：英國傳承、希臘神話
相關項目：P.166

　　同時具備人類與魚類特徵，獸人中最具代表性的一種。一般人印象中都是上半身為人類、腰部以下為魚類的樣貌。在一些創作之中通常都是女性人魚（Mermaid），但這並不表示沒有男性人魚（Merman）。順帶一提，上半身是魚、又或者魚類比例比較高的會稱為「魚人」或者「半魚人」。

不死鳥（菲尼克斯、火鳥）

無論死去多少次都會復活，傳說中不死之鳥

英文：Phoenix
種類：幻獸
起源：希臘神話
相關項目：P.166

　　死了也會復活，在恆久的時間一直活著的傳說怪鳥。樣貌有如深紅及金黃色的大鷲，壽命大約是500年左右。死期將近的時候會自己飛進火焰當中，然後從灰中復活。由於是超越死亡的特殊存在，因此在鍊金術的領域被認為和「賢者之石」、流星或者隕鐵有關，在魔法書《所羅門的小鑰匙》裡面也被算作是72魔神當中的一名。

人造人（人工精靈）

知曉世上一切事情的「燒瓶中的小人」

英文：Homunculus
種類：人造人
起源：帕拉塞爾蘇斯《物質本性》
相關項目：P.56、P.90、P.142

　　原文是拉丁文中代表「小人」的人工生命體。鍊金術師帕拉塞爾蘇斯成功製造出來以後便將製造方法也寫在著作《物質本性》裡面。雖然剛出生就已經擁有這個世界上所有的知識，但只能存活在自己誕生的燒瓶裡面。在帕拉塞爾蘇斯死後有許多鍊金術師也嘗試挑戰製造人造人，但很遺憾並沒有人成功。

曼德拉草

以瘋狂叫聲殺人的惡魔植物

英文：Mandragora、Mandrake
種類：植物
起源：歐洲傳承
相關項目：P.126

作為魔法儀式和鍊金術的材料而聲名遠播的魔法生物。種在土中的狀態下是普通的植物，但一旦被拔起來，呈現人形的根部就會立刻發出尖叫、旁邊的人聽到會馬上死亡或發瘋。順帶一提，曼德拉草的法文「mandragore」被英國人誤以為是「main de gloire」，誤譯成「光榮之手」。

夢魔

以理想樣貌出現在夢中，襲擊人類的淫魔

英文：Incubus、Succubus
種類：天使、惡魔
起源：英國傳承、希臘神話
相關項目：P.155

出現在夢中，給人快樂和痛苦的天使又或者是惡魔。擁有充滿魅力的容貌、妖豔性感的女性稱為Succubus；有著強壯肉體的男性則稱為Incubus。女性夢魔會由睡眠中的男性身上奪走精液，然後變身為男性夢魔襲擊女性，用搶來的精液讓女性懷孕。另一方面也有一說認為會讓女性懷上非人類的孩子（梅林為代表例）。

梅杜莎（戈爾貢）

將看到她的人都變成石頭，醜陋又悲傷的怪物

英文：Medusa、Gorgon
種類：魔法生物
起源：希臘神話
相關項目：一

有青銅手臂和黃金翅膀，頭上長的不是頭髮而是無數毒蛇的異形怪物。她閃爍著詭異光芒的眼睛能讓看到她的人都變成石頭。戈爾貢三姊妹中的三妹原先是相當有名的美女，在成為海神波賽頓的情人之後引發雅典娜的憤怒，將她變成了醜陋的怪物。她的血液有劇毒及復活雙方面的效果。

獨角獸

傳說中具有消除毒性、淨化水源力量的駿馬

英文：Unicorm
種類：幻獸
起源：希臘神話
相關項目：P.169

額頭中央長著一支巨大的螺旋狀角、跟馬很類似的生物。由於這樣的容貌而被稱為「獨角獸」。牠的角具有清潔汙穢的水、消除毒性的力量，在王宮備受重視，可替代試毒人的工作。外表優美但是性格激烈剽悍，不知為何卻對處女百依百順，經常被這種手法捕捉。也可以刻意激怒使其猛衝，讓牠的角刺進東西裡無法動彈就能抓到牠。

魔法相關道具

這世界上存在寄宿著魔力的道具和一些擁有不可思議力量的道具。
接下來就要從中挑選出一些非常想讓大家認識的東西。

阿卡夏紀錄

記錄有史以來所有的世界知識

英文：Akashic records
種類：無形之物
起源：神智學協會
相關項目：一

　　紀錄了自宇宙誕生以來的所有事物，
是概念上的書籍或者說是圖書館。除了過
去以外也網羅了今後會發生的未來資訊。
最初是神智學協會提出的概念，但後來在
心理學領域中被認為是集合性的潛意識之
處。

安德華拉諾特

為持有者帶來財富與毀滅的戒指

英文：Andvarinaut
種類：戒指
起源：北歐神話
相關項目：一

　　能為持有者帶來黃金與財寶的金製戒指，
別名尼貝龍根的指環。為北歐神話中的矮人
安德瓦利持有，他也因此而獲得財富。但自
從被謊言之神洛基騙走以後，戒指就變成了
會讓持有者毀滅的詛咒之戒。

妙爾尼爾（雷神之槌）

傳說中震撼巨人們的槌子

英文：Mjölnir
種類：槌子
起源：北歐神話
相關項目：—

　　北歐雷神索爾的短柄槌子，使用時需要專用的鐵製手套。名稱意義是「粉碎之物」。丟出去一定會擊中且發揮帶著閃電的強悍威力，然後再回到使用者手邊。即便是巨人也遭受到此物的毀滅性打擊。同時具備聖別的力量，能夠祝福新娘、清淨火葬堆、在吃掉拉戰車的山羊之後還能使牠們復活。簡直就像是日本傳說中的寶槌。

玻璃鞋

灰姑娘和王子締結緣分的命運之鞋

英文：glass slipper（Pantoufle de verre）
種類：鞋子
起源：童話《灰姑娘》
相關項目：—

　　在過了半夜12點以後，灰姑娘（原文Cinderella指的是「被灰覆蓋」）的衣服和南瓜馬車都會解除魔法、變回原來的樣子，但這鞋子卻留在了王子手邊。依照原先的法文故事《仙杜瑞拉》，我們知道這是因為玻璃鞋是魔法師給她的實物。另外在更早以前的德國版本故事中是金鞋和銀鞋、義大利則是木鞋，在西元前6世紀的埃及則是薔薇涼鞋。

銀子彈

一般子彈無效的對象只要一槍就能解決

英文：Silver Bullet
種類：子彈
起源：西洋傳承
相關項目：—

　　面對一般攻擊無法生效的吸血鬼和狼人時使用的子彈。在格林童話的〈兩位兄弟〉中，他們扯下衣服上的銀鈕扣塞進槍裡擊發，打倒了魔女。緣由是「魔法無法對銀產生作用」。銀確實具有殺菌效果，也能反應砒霜毒性而變黑，自古以來就被認為有神聖的力量。另外它的延展性僅次於金，實際命中後會在體內變形，因此無論對手是誰都會受到非常大的傷害。

查理曼大帝的護符

賦予支配世界力量的掛飾

英文：Talisman of Charlemagne
種類：護符
起源：查理曼大帝
相關項目：P.185

　　據說能夠賦予支配世界力量的護符。這是羅馬皇帝查理曼大帝所珍愛的東西，是鑲嵌了藍寶石的掛飾。這件東西在他死後被一起埋葬了，不過200年後鄂圖三世挖掘墳墓的時候發現他的遺體並未腐壞，因此便開始流傳此吊飾有神聖的力量。之後輾轉由拿破崙三世贈送給法國的大主教。

聖杯

盛裝耶穌基督之血，能夠治療所有痛苦

> 英文：Holy Grail（Graal）
> 種類：杯子
> 起源：基督教傳承、亞瑟王傳說
> 相關項目：P.185

　　耶穌在最後的晚餐時說道：「喝吧，這是我的血。」然後注入紅酒、後來處刑時由弟子亞利馬太的約瑟拿來盛裝血液的容器。這個傳說流傳到英格蘭，和凱爾特傳承中的「生命大釜」結合並且融合到亞瑟王傳說當中。這個聖杯會湧出療癒之水，只要喝下或者灑在傷處變能夠治療各種傷口和疾病，但出現或消失似乎都憑它自己的意志。

七里靴

以驚人速度前進的皮靴

> 英文：Seven-League Boots（Bottes de sept lieues）
> 種類：靴子
> 起源：鵝媽媽童謠〈拇指少年〉
> 相關項目：—

　　一步就能前進7里（約31公里）的魔法皮靴。在拇指少年被食人魔抓住的時候，搶走了對方穿的這雙鞋以及其他財寶，大為活躍的情節令人感到痛快。不管是身材巨大的食人鬼還是只有拇指那麼高的少年都能穿，伸縮自在。不過穿著這雙鞋移動會非常疲憊也是個缺點。

塔拉利亞

不發出聲響而在空中飛翔的涼鞋

┃ 英文：Talaria
┃ 種類：鞋子
┃ 起源：希臘神話
┃ 相關項目：P.145、P.177

　　奧林帕斯十二主神當中的傳令神赫密士持有、是一雙閃著金色光芒且有翅膀的涼鞋。名稱意義是「腳踝」，只要穿上這雙涼鞋，就能夠不發出聲響在空中飛翔。在英雄柏修斯被下令擊退怪物戈爾貢的時候，這也是他向寧芙借來的有名工具之一。順帶一提，塔拉利亞是鍛冶之神赫菲斯托斯使用不朽黃金打造而成。

隱形斗篷

擁有不可視化
以及加強自己力量的能力

┃ 英文：Tarnkappe
┃ 種類：斗篷
┃ 起源：《尼貝龍根之歌》
┃ 相關項目：一

　　打倒尼貝龍根一族中的矮人阿爾貝里希（神話中的安德瓦利）之後搶來的魔法兜帽斗篷。穿上後可讓身體能力變成12倍且不會被人看見。隱形斗篷是以其功能命名，不過原先德文的意思是「迷彩帽」，因此不如說兜帽部分才是本體，它不可視的能力機制會讓周遭的東西同化。別名又叫「霧帽子」，因此也可能會散發霧氣。

巴斯比之椅

將坐上去的人都殺死的詛咒之椅

英文：Busby's Chair
種類：椅子
起源：英格蘭
相關項目：－

1702年在北約克郡被處以絞刑的殺人犯湯瑪士·巴斯比相當喜愛的椅子。在他伏法之後被放在酒吧，因「死刑犯之椅」這個名號而聞名，但是曾經坐過的61個人皆相繼死於非命，因此被認為是「詛咒之椅」、和巴斯比之靈一樣令人恐懼。現在被收藏在當地的瑟斯克博物館中，展示方法是由天花板上垂掛下來，讓任何人都無法坐上去。

至尊魔戒

具有多重效果的裝備

英文：The One Ring
種類：戒指
起源：J·R·R·托爾金《魔戒》
相關項目：－

在《魔戒》的故事中，能統領黑暗魔君索倫打造的多個魔法戒指的唯一戒指。能讓戴上此戒的人無法被看見，也能不老長壽。但這其實是個陷阱。只要戴上，索倫就會知道戴戒指之人的所在地，而長壽的代價就是存在感會越來越薄弱，到最後就會變成沒有情感的影子、身心都變成怪物。而且還擁有如同毒品般的依賴性，讓人難以抗拒。真是太可怕了！

雷瓦汀

唯一能殺死公雞維德普涅的劍

> 英文：Lævateinn
> 種類：武器
> 起源：北歐詩歌《費約爾斯維茨之歌》
> 相關項目：—

　　北歐神話中的狡猾之神洛基在冥界尼福爾海姆之門念誦盧恩文字製作出來的魔法武器。名稱意義是「破壞之杖」。這是唯一能夠殺死那隻坐在世界樹尤克特拉希爾頂上、有如太陽一般閃閃發光的公雞維德普涅的劍。但是由女巨人辛馬拉嚴格保管，借用的時候要有維德普涅的尾羽。因此幾乎是不可能借用。

魔法戒指與神燈

裡面住著能實現願望的魔神

> 英文：Magic Ring & Winderful Lamp
> 種類：戒指、燈具
> 起源：阿拉伯傳承
> 相關項目：P.172

　　出現在敘利亞說書人猶合那・狄亞卜講述的民間故事《阿拉丁》當中，兩者都是摩擦之後會有魔神現身來幫忙實現願望。在原本的故事中封印魔神的是非洲的魔法師，不過在《天方夜譚》則是依照傳承修改為所羅門王將其封印在壺中，找到壺的人不小心解開了封印，結果與魔神發生了爭執。一般都是以將魔神從封印中解放為條件，能夠實現一次願望。

朗基努斯之槍

貫穿耶穌基督而成為神器的長槍

英文：Lance of Longinus
種類：武器
起源：基督教傳承、亞瑟王傳說
相關項目：P.180、P.181

　　為了確認耶穌死亡而用來戳祂腹部的聖槍，冠上的是外典《彼拉多行傳》16章提到、持槍刺向耶穌的羅馬士兵名字（當時盛裝血液的容器便是聖杯）。在亞瑟王傳說中出現在聖杯城裡，顏色是白色或者銀色，槍尖滴著血。據說它具有制霸世界的力量，而且傳說「查理曼得到這把長槍而成為羅馬大帝，失去後就馬上丟了性命」。

倫戈米尼亞德

亞瑟王的名槍

英文：Rhongomyniad
種類：武器
起源：亞瑟王傳說
相關項目：P.182

　　亞瑟王在最終決戰「巴當山之戰」用來討伐反賊莫德雷德時使用的名槍。在威爾斯語當中有著「掃倒敵人之槍」的意思，也就是一擊可以打倒許多敵人。有文獻提到這是神所賜予的東西，也有一說是「由鍛冶師傳格里芬打造，亞瑟從父親尤瑟手上繼承」。之後通常被稱為聖槍。

能量石一覽

能量石是指蘊含著魔力的寶石。
種類有好幾百種以上，以下就挑選較具代表性的介紹給大家。

海藍寶　Aquamarine

讓彼此關係圓滿

屬於「綠柱石（Beryl）」類礦物中透明的藍色石頭。名稱來自拉丁文的「海水」。具有療癒的力量、能夠提高表現能力、使人誠實溝通的石頭。象徵幸福、能夠促成結婚或夫妻圓滿。

砂金石　Aventurine

如同森林浴般的顏色療癒人心

石英當中含有雲母等結晶而閃閃發光的綠色石頭。顏色讓人聯想到森林，可以療癒人心、調整心情。除了綠色以外也有粉紅色、藍色和橘色等。

天河石　Amazonite

實現希望和願望的石頭

長石類型中的微斜長石，有著清亮藍綠色的石頭。又被人們為「希望之石」，可以排除不安和迷惘，幫助人們積極朝目標邁進。

紫水晶　Amethyst

具有理解對方心情的能力

紫色的水晶。是「愛的守護石」，可以帶來真實的愛。能夠增強察覺對方心情或理解本質的力量，也能夠冷靜與對方往來，是強而有力的療癒之石。

縞瑪瑙　Onyx

保護人不受危險傷害

有著平行如條紋圖樣的黑色瑪瑙。除了能作為驅魔用的護身符外，也可以提高忍耐力與自制心，提供面對且跨越困難的力量。在RPG遊戲《The Black Onyx》當中可以帶來不死與財富。

橘月光石　Orange Moonstone

積極和對方建立良好關係

　淡粉紅色或橘色的月長石。被稱為「情人間的石頭」或「傳達愛意的石頭」，若是女性持有可以帶來孩子、男性的場合則能讓自己更積極接觸對方。

幽靈水晶　Garden Quartz

提升金錢運、生意興隆

　形成過程當中混入其他礦物的水晶。特徵是每一顆都不同，彷彿濃縮了自然風景。具有確實儲存財產的力量，能夠提升錢財運、生意興隆、提升工作運等。

石榴石　Garnet

賦予熱情、提高能量

　深紅色所以被稱為「石榴石」。能夠帶給看著石頭的人熱情、提高能量。也能夠為持有者帶來力量，確實且努力達成真實、熱情、友愛等目標。

紅玉髓　Cornelian

鮮豔的紅色給人能量

　在數量眾多的水晶變種當中有著特別鮮豔的紅色。這種明亮的顏色能給人能量、提高行動力。也是「看穿真實」的石頭，能夠引發以現實方法解決問題的能力。

水晶　Crystal Quartz

以神祕的光輝淨化厭煩之事

　自古以來就被使用在儀式或祈禱當中的石英結晶。淨化力量強大，可用來驅魔、作為護身符，甚至用來淨化其它石頭。可以洗去討厭的事情和壓力，也能在想轉換心情時發揮力量。

孔賽石　Kunzite

就算戀愛失敗，只要拿著它就沒問題

　淡粉色或紫色的礦石。以發現者孔賽冠名。能使人意識到愛上一個人的幸福，就算過去曾經戀愛失敗也能夠獲得療癒的效果，感到安心而不再受傷。

187

日長石　Sunstone

具有如太陽般能量的石頭

長石當中具有砂金效應（閃閃發光的光學反應）的所有石頭總稱。是能夠引導所有事情踏上成功的勝利之石。也具有看破心靈虛偽的能力，被運用在羅馬的「真實之口」上。

海藍色玉髓　Sea-Blue Chalcedony

讓溝通更加圓滑

由石英系小結晶構成塊狀的石頭，特徵是有如藍海的透明色調。代表「共有」和「集合」的意思，能在人群聚集時使溝通更加圓滑。

翡翠　Jadeite

日本自繩文時代起就為人熟知的成功者之石

綠色的輝石。在日本從繩文時代起便以翡翠之名為人熟知。翡翠分為軟玉及硬玉兩種，jadeite是後者、價值較高。能讓努力獲得回報，守護事業繁榮及成功。

黃水晶　Citrine Quartz

有如黃金的顏色能提升錢財運

帶著黃色色調的水晶。因為其顏色而象徵「財富」、「反應」、「成功」，總之能夠提高金錢運、財富運、商業運。另外也具備「太陽能量」，能夠提升希望與勇氣、協助人際關係。

煙晶　Smoky Quartz

以大地的力量使人沉穩

如同煙一般、偏黑色的水晶。被認為是「寄宿著大地力量的石頭」，能夠讓人腳踏實地而感到安穩。具有驅邪的力量，可以消除不安，還能讓人發揮自己真正的力量。

虎眼石　Tiger's Eye

不放過提高洞察力的機會

特徵是有著黃黑色條紋的一種角閃石。具有看透一切的力量，提高洞察力、看穿本質，確實掌握機會絕不放過。其結果就是能讓事業成功，以「生意興隆之石」聞名。

珍珠　Pearl

以療癒及安心培養純粹的心靈

跑進貝類的異物由於貝類分泌的珍珠層而形成的寶石。療癒及守護的力量相當強大，自古以來在世界各地都被當成護身符。能給予持有者療癒及安心，培養純粹之心。

黃鐵礦　Pyrite

強力提升運氣、加強金錢運的同時還能驅邪

閃爍著光芒、有如金塊般的硫化礦物。由於火山活動而形成，具有相當強大的提升運氣力量，能提高持有者的金錢運。同時也作為能迴避危險的石頭，用在驅邪或護身符。

粉紅蛋白石　Pink Opal

吸引人接近並打造新的相遇契機

淺粉紅色的氧化礦物。有著「邱比特石」的異名，明亮的能量可以提高魅力。強烈象徵女性性質，對於女性有美容效果、對男性也有排除外遇的功效。

黑尖晶石　Black Spinel

給予生存活力

在結晶折射率相當高的氧化礦物尖晶石當中的黑色款。是象徵堅強意志的石頭，能夠增強持有者能量、培養不屈不撓的精神。沒有活力的時候相當推薦。

血石　Bloodstone

如同其名，與「血」的關係密切

雜質多的石英集合體的一種，特徵是一片漆黑中浮現紅色光芒。能夠促進血液循環、提高集中力，也具有提高生命能量的效果，作為生產守護符也相當受歡迎。

藍紋瑪瑙　Blue-lace agate

能與沉穩之人往來

石頭表面上有著蕾絲狀條紋的藍色瑪瑙。是友情與愛的石頭，能讓高昂的感情平穩下來、拉出適當的距離，具有豐富人際關係的效果。

葡萄石　Prehnite

給人堅持到最後的力量

有如葡萄般的半透明綠色、感覺很好吃的矽酸鹽礦物。象徵「努力、堅持」，具有能夠幫助人心中最脆弱的感情面的力量。也是能幫助人捨棄不需要東西的石頭。

螢石　Fluorite

消除人所抱持的負面情感

有綠色和紫色兩種。能夠消除負面情感，給人自由而天真無邪地發想及積極生活的力量。另外顏色不同的話功效也不同，綠色能夠讓心靈沉穩；紫色則可活化大腦；漸層色可以提高想像力。

珍珠母　Mother of Pearl

以巨大的包容力保護家族

由形成真珠的貝殼所製作的仿石。嚴格來說並不是石頭，不過因為是培育出珍珠的母親，所以這種石頭能夠引發母性、提高包容力、加深愛，作為安產及育子護身符都相當受歡迎。

孔雀石　Malachite

吸收負面能量的強而有力石頭

外觀相當有特色，是有著大理石圖樣的深綠色碳酸鹽礦物。能夠將自己與周圍的人所抱持的負面能量彈開，提早察覺危機來遠離災禍。而且還有療癒效果。

月長石　Moonstone

加深情侶間羈絆的力量

有著光輝表面、美麗的鈉微斜長石。除了白～乳白色以外還有許多種顏色。由於能夠映現出持有者原貌，因此可以重新檢視自身、加深情侶間的羈絆、提高靈感等。

摩根石　Morganite

將慈愛之心散向四周

表面閃爍淡粉紅色的綠柱石。持有就能產生溫柔對應週遭之人的心情，以無條件的愛溫柔包裹受傷的心靈。另外也能提高女性魅力。

青金石　Lapis Lazuli

世界最古老的能量石之一

深藍色表面上四散著黃鐵礦的變質岩。自古以來被認為是「與神相連的石頭」而使用在儀式或咒術當中，賦予知性、洞察力、決斷力。因為也能讓靈魂有所成長而被稱為「睿智之石」。

拉長石　Labradorite

實現願望、支援行動

表面閃爍藍色光芒的美麗斜長石。經常在進行連繫自己與地球、為精神與身體取得平衡的「Grounding」行為時使用的石頭。能夠帶來「意識革新」，也有實現願望的力量。

拉利瑪　Larimar

世界三大療癒石之一

特徵是美麗淺藍色的矽酸鹽礦石。象徵「愛與和平」，能夠融化侵蝕人心的負面情緒，並且使人心懷抱正向情緒。也能助人慢慢接受變化。

鈦晶　Rutile Quartz

最具代表性的「提升錢財運之石」

水晶裡含有許多如同針一般的尖狀物的礦物。具有呼喚金錢的能力，因為其強大的力量讓它成為知名的金錢運及工作運之石。能夠振奮持有者的心情、招來機會、以及將人導向目標和夢想的成功之路。

粉晶　Rose Quartz

推薦給想活得更有女性風格的人

淺紅色的水晶。是「培育愛的寶石」，能為持有者帶來溫柔體貼。可調整身心均衡，提高女性魅力，因此也被認為對成就戀情或結婚相當有幫助。

菱錳礦　Rhodochrosite

寄宿著強烈的吸引能量

特徵是表面為深粉紅色的碳酸鹽礦物。象徵充滿愛與希望的「玫瑰色人生」，因此能引來靈魂伴侶。可使憂鬱心情一掃而空，帶來充滿愛的心動及高亢感。

監修

健部伸明

1966年出生於青森縣。1980年代中期加入株式會社ORG，負責《龍與地下城》新日文版的翻譯，同時間成為建立有限公司CB's企劃小組的初期成員，擔綱許多遊戲攻略書籍和遊戲相關書籍的寫作及編纂。目前專職寫作電腦及桌遊相關的書籍；也經手遊戲設計、神話傳說及奇幻相關的作品撰寫及翻譯等，在許多領域大為活躍。專業包含北歐神話、凱爾特神話、惡魔學、怪獸學、日本古代史、SF、奇幻、宇宙論、生物學、電影評論等。主要著作有《幻獸大全I 怪獸》（暫譯，新紀元社出版）、《幻想世界的住民們》、《幻想世界的住民們2》（暫譯，共同著作，新紀元社出版）、《幻獸最強王圖鑑》、《神話最強王圖鑑》（監修）、《奇幻龍族大圖鑑》（監修）等。

TITLE

圖解西洋魔法大全

STAFF

出版	瑞昇文化事業股份有限公司
監修	健部伸明
譯者	黃詩婷
創辦人 / 董事長	駱東墻
CEO / 行銷	陳冠偉
總編輯	郭湘齡
責任編輯	徐承義
文字編輯	張聿雯
美術編輯	謝彥如
國際版權	駱念德　張聿雯
排版	二次方數位設計 翁慧玲
製版	印研科技有限公司
印刷	桂林彩色印刷股份有限公司
	綋億彩色印刷有限公司
法律顧問	立勤國際法律事務所　黃沛聲律師
戶名	瑞昇文化事業股份有限公司
劃撥帳號	19598343
地址	新北市中和區景平路464巷2弄1-4號
電話 / 傳真	(02)2945-3191 / (02)2945-3190
網址	www.rising-books.com.tw
Mail	deepblue@rising-books.com.tw
港澳總經銷	泛華發行代理有限公司
初版日期	2024年5月
定價	NT$450 / HK$144

ORIGINAL JAPANESE EDITION STAFF

企画・構成	株式会社ライブ（竹之内大輔／畠山欣文）
ライティング	青木 聡（An-EDITOR.）／市塚正人／
	林 政和／横井 顕
監修補助	高城 葵
カバーイラスト	高原さと
カバーデザイン	三谷明里（ウラニワデザイン）
デザイン	内田睦美
本文イラスト	合間太郎
DTP	株式会社ライブ

國家圖書館出版品預行編目資料

圖解西洋魔法大全 / 健部伸明監修；黃詩婷譯. -- 初版.
-- 新北市：瑞昇文化事業股份有限公司, 2024.05
　192面；　14.8x21公分
ISBN 978-986-401-721-8(平裝)
1.CST: 巫術

295　　　　　　　　　　　　　　　　　113003596